「我在過去所說過的都是不能不說的，我所做過的也都是我不能不去做的。同任何人一樣，我必須謙虛地和有耐心地等待著歷史法院的判決。」——蔣碩傑

1947 年 11 月，新婚丽影

蒋硕杰与妻子和三位女儿

1970 年，蒋硕杰伉俪在美国

1941 年 6 月拍摄于剑桥 Grove Lodge。后排左二为蒋硕杰，中排中间坐着的为哈耶克教授，前排右一为日后曾任泰国中央银行总裁的 Puey Ungpharkon

1947 年，蒋硕杰拍摄于北京大学

与“台湾中央研究院”院长（中）、刘大中院士（左） 拍摄于胡适墓园

1991 年 7 月，台湾“中华经济研究院”成立十周年院庆和全体同人合影

蒋硕杰评传

吴惠林 彭慧明 著

海南出版社
·海口·

本书由台湾远见天下文化出版股份有限公司授权出版，限在中国大陆地区发行

版权合同登记号：图字：30-2019-142 号

图书在版编目（CIP）数据

蒋硕杰评传 / 吴惠林，彭慧明著 . -- 海口：海南出版社，2020.2

ISBN 978-7-5443-9143-6

Ⅰ . ①蒋… Ⅱ . ①吴… ②彭… Ⅲ . ①蒋硕杰（1918-1993）- 评传 Ⅳ . ① K825.31

中国版本图书馆 CIP 数据核字 (2019) 第 280873 号

蒋硕杰评传

JIANGSHUOJIE PINGZHUAN

作　　者：吴惠林　彭慧明
监　　制：冉子健
责任编辑：张　雪
策划编辑：谌紫灵
封面设计：MM末末美书 QQ:974364105
责任印制：杨　程
印刷装订：三河市祥达印刷包装有限公司
读者服务：武　铠
出版发行：海南出版社
总社地址：海口市金盘开发区建设三横路 2 号 邮编：570216
北京地址：北京市朝阳区黄厂路 3 号院 7 号楼 102 室
电　　话：0898-66830929　010-87336670
电子邮箱：hnbook@263.net
经　　销：全国新华书店经销
出版日期：2020 年 2 月第 1 版　2020 年 2 月第 1 次印刷
开　　本：880mm × 1230mm　1/32
印　　张：9.5
字　　数：200 千
书　　号：ISBN 978-7-5443-9143-6
定　　价：45.00 元

目录

蒋硕杰会注意经济问题，也是因为受父亲的影响极深。蒋硕杰的小弟蒋硕平说，父亲经常告诉蒋硕杰，一个人得志时，要有改善整个社会、整个国家的志气；不得志时，也要努力使每一个自己所到过的地方，“比自己未到过以前，略有进步”。蒋作宾就以此勉励儿子们，要有为身边的环境或所在的国家奉献自己的精神。

第二章　求学英国 _015

在积极反对凯恩斯学派前，蒋硕杰自己也承认，他其实也曾与世界上大多数经济学者一样，被凯恩斯的论调深深折服，但随着时间流逝，经过现实演变，看清凯恩斯学派的问题，加上被滥用后导致更严重的经济问题，以及师从哈耶克，受奥地利学派影响，蒋硕杰从逻辑学的基础出发，以严谨的逻辑思辨方式去判断，最终成为自由经济的终身支持者，更成为反凯恩斯学派最重要的人物之一。

第三章　关心政策的北大学者 _035

蒋硕杰进入北大教书时年仅 28 岁，是北大当时最年轻的经济学教授，一开始就担任研究所的老师。学生们都认为“蒋老师”并不严厉，但是要小心回答问题，要读的书也很多。从现在的标准来看，蒋硕杰的课是杀手等级。但严师出高徒，蒋硕杰的门生后来散布各处，成绩斐然，对于老师严格的督促，他们都深表感谢。

第四章 10年国际货币基金组织岁月 _055

1954年，尹仲容亲自写信向IMF“借将”，请IMF同意让蒋硕杰和刘大中回中国台湾，就经济政策提出建议。通过蒋硕杰和刘大中的建议，尹仲容主导了台湾经济的第一次经济自由化运动。

第五章 美国教学岁月与梨山论坛 _087

蒋硕杰在IMF工作10年，在这期间，他以过去逻辑学训练的态度，不断挑战当时热门的观点，针砭一些当代大师的思维盲点，通过不断地思索以及与学者对话，整合出自己对货币经济学与自由经济的观点，成为当时货币学的重要学者。

序言

张杰

中国人民大学教授

我第一次接触蒋硕杰教授的观点是因为撰写《金融分析的制度范式：制度金融学导论》（中国人民大学出版社，2017年）一书。在该书撰写过程中，有关货币性质、货币演进逻辑诸问题的讨论一度陷入困局，于是乎我开始遍寻可能看到的几乎所有的相关文献，以期找到解决问题的出路。在此过程中，我偶然间发现蒋硕杰教授的一本文集《蒋硕杰经济科学论文集：筹资约束与货币理论》（*Finance Constraints and the Theory of Money*：*Selected Papers*）[1]。这是1989年美国学术出版社（Academic Press）编辑出版的英文论文集的中译本，由北京大学出版社于1999年翻译出版（范家骧，译）。粗略翻阅，我虽然对书名中"finance constraints"的中文翻译存有异议，但还是被其中有关货币问题的独到分析吸引。数年来一直缠绕脑际的货币合成谬误问题在此得到某种关键启发，他的思想也进一步开启了我对货币本身宏微观

[1] 此处中英文书名完全采用相应出版社的原书名，故没有一一对应。——编者注

双重属性的深入理解。

从此，我开始特别关注蒋硕杰教授的著作及其人其事。有一段时间，我几乎走遍京城各大图书馆和大小书店，搜寻有关蒋硕杰教授著述及其评介的蛛丝马迹，结果自然是不如人意的，因为一直以来大陆学术界对蒋教授的关注不多，记述和研究蒋教授的文献更是寥若晨星。群众出版社于 1989 年 3 月出版过一本《走出通货膨胀的战略选择：台湾经济学界大论战》的集子，其中荟萃了蒋教授的基本经济政策主张与见解，但学界关注有限。可以说，对于蒋教授，大陆经济学界整体上处于一种漠视乃至遗忘的状态。在相当长的一段时期内，前述范家骧教授翻译蒋教授文集的“译后记”几乎是大陆学术界能够得到的有关蒋教授生平与学术信息的全部。不仅如此，随着所掌握信息的逐渐增多，我发现，对于蒋教授理论贡献的轻视其实是一种“世界现象”。关于这种状况，我曾在前述的那本著作《金融分析的制度范式：制度金融学导论》（pp.289—290）中做过描述与评论，不妨转录如下：

若浏览既有文献，华人经济学家蒋硕杰似乎是货币金融理论史上最早阐释货币供给“合成谬误”现象并据此揭示货币本身宏微观矛盾的主流经济学家。对于大多数行至理论半途而进退维谷的货币经济学家而言，这不啻沉沉暗夜遇到的一缕“救命”亮光。蒋硕杰早在 20 世纪 50 年代就曾敏锐地发现，“瓦尔拉斯定律”、流动性偏好理论以及资产组合均衡分析都不适宜作为货币理论的真正基础。围绕于此，他与分属不同经济学流派的经济学家展开了长期论战，创立了“基于金融约束的货币理论”（the theory of money based on finance constraints）新框架，极大地推进了货币经济学理论的发展。

但令人难以理解的是，迄今几乎所有的欧美主流货币金融学教科书和专门论著，都未涉及蒋硕杰的观点。以研究货币需求理论著称于世的加拿大经济学家莱德勒（D. E. W. Laidler）在述及“现金预留约束”或者“金融约束”命题时，只说这是克洛尔（R. W. Clower）于1967年首先引入现代货币理论的，对蒋硕杰的贡献只字未提。后来在一篇阐述蒋硕杰货币理论脉络的专文，才对蒋硕杰的相关创见做出较为系统的阐发，但对有关“货币需求金融约束”的理论首创权却未加界定和强调。其实，从相关论著的正式发表日期看，蒋硕杰（1966）提出“金融约束”的时间要比克洛尔（1967）早一年（其实前者的论文早在1964年业已成稿并投送学术期刊）。因此，前述“货币需求金融约束”的首创权无论如何都不能由克洛尔独享，即便退让一步，也应当称作“蒋硕杰－克洛尔约束”（T-C constraint）为妥。希克斯晚年在谈及蒋硕杰的货币流量分析时带有明显的礼节性质甚或敷衍性质，他只是认为蒋硕杰“把我带回到可贷资金与流动性偏好这两种利率理论之间的过往争论”，除此之外，在其字里行间竟然难寻与蒋硕杰进行正面学术讨论的任何交集。相比之下，斯托克曼（A. C. Stockman）的描述则比较客观，他认为货币需求的“金融约束”命题是蒋硕杰和克洛尔“首创”的，这一命题“已经成为近年来货币经济学和国际金融诸多进展的关键成分”。20世纪80年代初期，香港大学的饶余庆教授曾在其一度风行大陆学术界的那本著名的货币银行学教科书中，提及蒋硕杰有关利率理论的文献，当属一种难能可贵的例外。尽管如此，人们在阅读这本教科书时，还是不会留意页末的那几行文字以及那一段不算短的跨页脚注。

转机终于出现。偶然一次机会，我看到了一篇述评蒋硕杰教授经济理念的长文，系纪念蒋教授辞世六周年的专文，作者是来自台湾“中华经济研究院”的吴惠林教授。此文对于蒋教授的学术思想及其在台湾的实践过程耙梳剖析、发微抉隐，令人印象深刻，其中对蒋教授“单纯、无心机且言行如一的‘真正知识分子’”的赞誉更是让人动容。沿此文及其注释提供的线索“按图索骥”，有关蒋教授的文献与信息迅速增加。方知在海峡对岸，有关蒋硕杰教授著述的研究整理及其编辑出版早已相当成熟与完备，论文集、建言集、时论集等次第面世，蔚为大观。不过，最吸引我和最有价值的文献还是来自前述的吴惠林教授。

几年前一个偶然机会，我看到了一本2012年10月由台湾天下文化公司出版的繁体中文版《蒋硕杰传》[1]，作者为吴惠林教授和彭慧明女士。透过这本传记，原先仅从学术维度看去显得抽象、单调的蒋教授的形象一下子变得真实具体和生动鲜活。蒋教授从储蓄因素找回货币理论核心地位的努力、对货币流量观点以及金融机构“中介”特质的长期坚守等，无不彰显一名真正经济

[1] 即本书原版。——编者注

学家不畏权威、只求真知的学术品格，而他针对当时台湾现实经济问题提出的“金融赤字”“五鬼搬运法”“金蝉脱壳法”等概念也将一位敢于担当而又不乏睿智的学者形象展现得淋漓尽致。

根据这本传记的记述，蒋教授身出名门，为民国政要蒋作宾第四子。20 世纪 30 年代留学日本庆应大学，读经济学，后入英国伦敦大学政治经济学院（London School of Economics and Political Science，LSE）继续研修经济学，期间奠定学术根基，受导师、奥地利学派重要代表人物哈耶克熏染，形成的基本理论倾向是崇尚自由经济而反对凯恩斯学派，并毕生致力于研究货币理论，终成一代大家。此间显露学术论战性格，始与凯恩斯学派交锋，继而与“福利经济学之父”庇古商榷，相关成果次第发表于主流经济学顶级期刊，1945 年其博士学位论文获伦敦大学政治经济学院最佳论文，遂在主流经济学界崭露头角。20 世纪 50 年代任职 IMF（国际货币基金组织）并参与中国台湾的经济自由化改革，其利率改革主张对抑制当时通货膨胀多有助益。后又辗转任教于罗切斯特大学和康奈尔大学，期间锤炼基于流量的货币理论且日臻成熟。其对货币流量理论的一贯坚守在后来事关台湾经济变革导向的“蒋（硕杰）王（作荣）论战”中得到淋漓展现。20 世纪 80 年代初，蒋硕杰参与创建台湾“中华经济研究院”，致力于研究大陆经济，倡导两岸开放与交流，90 年代初回大陆讲学并在此期间短暂受聘于经济体制改革智囊机构，对经济改革政策多有建言。

当下，越来越多的华人经济学家开始活跃于全球学术舞台，但在经济学主流平台傲立俯视的学者却并不多见。除了蒋硕杰教授，如今所知在全球经济学界曾占得一席之地的华人学者仅有刘大中、费景汉、邹至庄、张五常、杨小凯等寥寥数人，且华人学者迄今未见有斩获诺贝尔经济学奖者。何以至此？是肇因于主流学术界对华人学者的排斥抑或歧视（如蒋教授当年曾经遭遇的那样），还是其所重点研究的中国问题过于特殊而未能上升到让全球学术界普遍关注（抑或广泛理解）的层面？我窃以为，更深层次的原因或许在于，在人数众多的所谓"经济学家"群体中，急功近利者众而着眼于基础研究者寡，喜欢热闹者多而偏好静思者少。不少学者或过分热衷于各类媒体的采访与曝光，或常年狼奔豕突般走秀于各类研讨会、发布会、见面会，动辄发表不痛不痒、不轻不重、不咸不淡的应景演说。这些学者的理论积累原本有限，而要分析的问题又越来越复杂，因此难免力有不逮、捉襟见肘。

不仅如此，虽然近些年来中国的经济学研究舞台热闹非凡，经济学家群体也在迅速膨胀，但就经济学的原创命题和理论发现而言，中国的经济学家并未拥有多少独立的"知识产权"，经济学的"核心技术"依然掌握在欧美经济学家手中。毫不客气地说，中国经济学家笔下"生产"的绝大部分研究成果都来自从西方引进的学术（论文）"流水线"，其中充斥着贴牌仿造甚至抄袭、剽窃的"水货"和"残次品"。有意思的是，西方的学术（论文）"流水线"是如此具有诱惑力和俘获力，你一旦介入其中，就注定会如同吸食了学术"毒品"一般难以自拔。在被同时"引进"的西方学术评价体系（论文等级分类、引用率指标与期刊用稿偏好等）的引诱、怂恿和呵护之下，越来越多的经济学家逐步被（不知是有意还是无意）圈入预先设定的彀中。人们眼巴巴地看着一代又一代的经济学人竟相踏入此类学术“工厂”而束手无策，原本满怀善意的劝诫往往招致那些自诩紧跟国际学术潮流的作者们的“冷眼”和嘲弄。逐渐地，围绕这条“舶来的”学术“流水线”，怀着各种意图和偏好的人们最终组合成一个特殊的“利益集团”，进而形成一种乖戾狭隘乃至浮躁偏执的“学术生态”。需要特别留意的是，这个特殊学术“利益集团”的形成自然会进一步强化人们对这条学术（论文）“流水线”的刚性依赖。但这并不可怕，可怕的是，一旦形成了这种刚性依赖，利益相关者们就注定会义无反顾地排斥甚至非难基于“中国故事”的理论发现和学术原创。问题恰好在于，这种基于“中国故事”的理论追寻，是中国经济学家获取真正属于自己的“核心技术”及其“知识产权”从而真正跻身世界最高理论殿堂的唯一途径。

虑及于此，蒋硕杰教授的治学生涯给予我们的启示就更加弥足珍贵。数十年来，伴随改革与开放，中国经济迅速发展，这无疑为中国经济学的发展提供了千载难逢的机遇。但是，中国广大经济学人能否抓住此次机遇，则进一步取决于有没有能力从最基础的层面（特别是哲学与制度层面）对中国经验进行深度剖析与理论总结。只靠从主流经济学那里简单模仿和套用几个模型，就试图说清楚中国经济变迁与经济增长的内在机理，如同梦呓。可以设想，如果没有蒋硕杰教授早年对货币流量理论的精深研究与深刻体悟，他就不会力排众议，针对台湾当时的具体情形，坚持提出借由调高利率增加储蓄进而兼收对抗通货膨胀与促进经济增长双重效果的政策主张。在当时属于主流的成本推进型通货膨胀论者看来，提高利率会抬高产出成本进而诱致通货膨胀。如果不是对货币创造机制及其后果了然于胸，他也就不会将当局货币滥发行为形象地表述为“五鬼搬运法”“金蝉脱壳法”等老百姓容易理解的形式。当时凯恩斯学派风头正劲，在他们看来，增加货币供给能降低利率进而激励投资和推动产出增长。他如果没有对金融“中介”性质的深刻领悟，便不会矢志坚守金融机构只宜扮演“金融中介”这种无趣产业的命题。在主流金融理论看来，像商业银行这样的金融机构不仅是履行资金余缺调剂职能的简单信用中介，而且在很大程度上是信用创造部门。大陆近些年来持续出现所谓的“脱实向虚”现象，金融机构的非理性“信用创造”难辞其咎。由此可见，让金融机构坚守其“中介”本质（只将资金配置于实体经济）何其重要而又何其困难！

应当看到，蒋教授的理论框架无疑是结构严密和逻辑自洽的，运用于台湾的经济发展实践也取得了不俗的效果；但若印证于大陆的经济改革与增长过程，则其解释力会遭遇不小的挑战。在此，不揣冒昧略述一些不成熟的看法。

按照古典理论，利息是节俭或者储蓄的报酬；在凯恩斯（及其流派）理论中，利息是流动性的补偿。若基于金融分析的制度范式，利息则是金融权利让渡的回报。这一理论发现是如此重要，它意外地为我们合理解释中国改革开放以来经济增长的金融制度原因提供了一个全新的视角。可以设想，如果在改革伊始，国家让散落于老百姓手中的货币（金融权利）进入市场进行自由交易，则其金融“要价”（交易成本）一定十分昂贵。对于一个资本异常稀缺且百废待兴（急需资本）的发展中经济体而言，这肯定无法承受。若不能尽快找到适宜的制度安排来低成本地配置这些金融权利，经济改革与增长进程将因得不到持续有效的金融支持而难以为继。可是，依照主流货币金融理论，在一个资本十分稀缺的经济体中打算低成本地配置金融资源，纯属天方夜谭。实际情形可能恰恰相反，不管金融体系是何种“出身”（政府的或民间的），它都需要支付较高成本（高利率）方能换得老百姓金融权利的“出让”。在理论上，作为常识，最终能够集中于银行体系的居民储蓄存款无论如何都是利率的增函数。仅就此而言，蒋硕杰教授的储蓄命题并未迥然超脱于流行货币理论的窠臼，而其理论视野中的“台湾案例”也只不过是一个在战后各个国家和地区经济恢复过程中俯拾皆是的“普通故事”而已。

大陆经济改革与增长过程的储蓄故事则“不普通”。这里所谓的“不普通”，并非单指现实金融故事的不普通，而更重要的是指由此引发的理论逻辑的不普通。可以说，上述“不普通”在很大程度上颠覆了传统主流货币理论施加于利率与储蓄关系的金科玉律。长期以来，让主流经济学家感到困惑不解的是，在中国经济改革过程中，居民储蓄存款竟然在低利率条件下获得了持续增长。人们不打算当然也没有能力理解，这其实是一个由特殊金融权利组合创造的伟大奇迹。伴随改革过程的推进，中国老百姓的货币收入迅速增长。眼看着口袋里的“现金余额”在逐渐“鼓胀”，他们开始为其寻找合适稳妥的金融出路。虽然不少中国老百姓在相当长的一段时期内很少有机会与日渐增长的货币余额打交道，但他们的货币金融眼光却毫不含糊，即一开始就在朴素中透着挑剔：若没有绝对安全可靠的金融制度“所在”，俺们宁愿自己“窖藏”。

何至于此？原因很简单，这些货币余额直接牵系着事关一家老小生死存亡的“家庭内保障”。主流货币理论（包括蒋硕杰教授的新理论）一定没有想到，经济改革初期，中国的老百姓压根儿就没想着利用手头的货币余额去获取什么收益（利息），他们对安全的关心胜过包括收益在内的一切，更不用说加入什么在未来可能会带来一笔“横财”的资产组合了。在不存在可靠（特别是国家提供担保或者政府做出风险承诺的）银行体系等金融机构的情况下，他们原本是要“窖藏”的。在这种情况下，居民持有货币余额便无所谓“机会成本”，无机会成本意味着利率中性。或者说，老百姓从一开始就没想着向金融制度索取报酬，更谈不上索要高价。若就当时的情形设身处地地想，为手头的现金余额找到安全的金融制度安排（存身之处）就是老百姓心目中最大的报酬。在所有的金融制度安排中，由国家出面创设或者具有政府背景的银行体系无疑是最可靠的。就这样，一场千载难逢的“制度邂逅”在中国经济金融改革过程中卓然登场。在紧接着次第展开的一幕幕非凡故事中，最为华彩的篇章之一就是国家（政府）和老百姓之间完成了一次意义非凡的金融权利“互换”，国家得到低成本的金融资源（居民储蓄），老百姓获得可信的风险承诺和安全保障。当然需要指出，既然是一种金融权利“互换”，那么其金融合约的达成就一定是有条件的。当这些条件随着经济改革的深化而发生改变进而签约双方开始调整其金融行为函数（比如居民部门更加倾向于持有多元化金融产品）时，原有的金融制度均衡点就会朝着相应的方向移动。

发生在中国的货币故事，无论对于凯恩斯主义货币理论还是对于蒋硕杰教授的新货币理论，都大大地出乎其意料以及超出其解释范围。通过特殊的制度设计，在中国经济改革过程中竟然奇迹般地实现了低利率条件下的储蓄增长，并经由国家控制的银行体系为经济增长提供了持续而强有力的金融支持。与此同时，并未导致新古典（包括蒋硕杰教授）货币理论所预料和担忧的通货膨胀后果。蒋硕杰教授曾对大陆经济改革以来的一些金融安排感到困惑不解且不无责备。例如，他认为国有银行的政策性贷款是“以政府的偏好而不是以市场利率作为资金分配的标准”，因此是“不经济的”。无疑地，蒋硕杰教授的上述看法是以（新古典）金融自由主义模型为参照系得出的，反映其思想仍然停留在 20 世纪 70 年代“金融抑制理论”盛行的时期，同时也显露出他对大陆金融制度变迁逻辑的疏离与隔阂。他极有可能忽视了对大陆改革故事的领悟，作为该理论的创立者，美国经济学家麦金农在 20 世纪 90 年代初期已经改变了原有的看法。如果蒋硕杰教授对当时大陆的改革背景及其制度环境有所体察，仅凭其深厚敏笃的学术涵养，他断然不会得出如此轻率的结论。

客观地说，蒋硕杰教授并非从一开始就对政府介入之下的经济发展“不待见”。在20世纪70年代以前，他一直倾向于遵循“自由竞争社会主义”的所谓“中间路线”，即“如何使社会主义兼而有理想中的自由主义的优点”。具体地说，我们需要让“社会主义的经济，尽可能采用一种分权的经济制度，而使之兼有完全竞争的自由主义之长处”。不难看出，在这种“中间路线”中似乎闪现着后来中国渐进改革道路的“影子”。蒋硕杰教授对“自由竞争的社会主义”的信心一直持续到1978年，但在1978年到1990年之间，“他对政府的能力和经济计划的态度完全转变了”。饶有意味的是，20世纪70年代末，就在蒋硕杰教授准备全面怀疑政府经济作用的“转折”时刻，迄今为止被证明是极为成功的大陆的政府主导型改革方始起步。更有意思的是，20世纪80年代末至90年代初期，蒋硕杰教授曾经受聘于大陆的经济体制改革智囊机构，可以说或多或少地参与了当时经济改革的具体决策（至少是咨询）过程。但让人疑惑不解的是，这段时期恰好是其理论倾向的“转变时期”。由此可以确认，蒋硕杰教授转变后的思想对于当时的改革决策并未起到多少作用，真正发挥作用的或许是其早年曾经坚守此后又决定放弃的“中间路线”。面对如此情形，蒋硕杰教授想必会感叹，自己的理论境遇竟是如此“阴差阳错”！

以上看法只是我本人的一些谬见，发表出来供学界同人琢磨商榷。我想若蒋教授有知，也会赞同这种做法的。追溯蒋教授的治学生涯，他几乎所有的重要理论发现和政策卓见都是在与其他经济学家和政策制定者的长期论战中得到锤炼并臻于成熟的。对于学术进步与理论发展，平等、冷静、客观的争论乃至论战是推进器与镇静剂，而相互之间的吹吹打打、你好我好以及由此营造的“一团和气”则是腐蚀剂和迷魂药。坚持己见、不让权威，这既是蒋硕杰教授本人平生从事经济学理论研究与政策实践的真实写照，也是留给晚辈后学的一份弥足珍贵的治学秘籍与精神遗产。

我向来喜欢读名人传记，记得早年有一次从书店购得林语堂先生撰写的《苏东坡传》，没翻几页便爱不释手，竟然废寝忘食般一口气读完。后来经济学成为我“养家糊口”的专业，我便开始搜集和研读经济学家的传记。曾经“聊发少年狂”，矢志遍览业已面世的经济学大师传记。如今屈指算来，虽然“壮志未酬”，但也有所涉猎，其中不乏扛鼎者，诸如约翰·雷的《亚当·斯密传》、彼得·格罗尼维根的《翱翔的鹰——阿尔弗雷德·马歇尔传》、罗伯特·斯基德尔斯基的《凯恩斯传》、托马斯·麦克劳的《创新的先知——约瑟夫·熊彼特传》、阿兰·艾伯斯坦的《哈耶克传》、兰尼·埃布斯泰因的《米尔顿·弗里德曼传》等，不一而足。阅读名人传记，不仅仅是为了领略斯人的成长境况与人生轨迹，也非完全出于好奇心的满足，而是借由传记主人公的心路历程追溯其理论源流的基本脉络，以领悟其此后的学术长河何以如此波澜壮阔地流向天际。正是在这种意义上，我深感品读经济学家传记是经济学从业者的一门必修功课，是深刻体悟经济学演进机理及其逻辑的必要阶梯。不了解经济学家的心路历程，就难以理解经济学家绚烂多姿、跌宕起伏的生命状态；缺失了对经济学家心路历程的深度领悟，经济学的传承与鼎新机制就会锈蚀与失灵，经济学研究本身也会逐步丧失掉其应有的感知如火如荼现实经济运行的能力，相关研究成果极易堕落为一具具由冰冷数理模型与计量检验精心包裹着的学术僵尸。

正因如此，我一直对经济学家传记的作者们深怀敬意。自然地，我要将这份敬意送给吴惠林教授和彭慧明女士，感谢他们将蒋硕杰教授这位华人经济学家中的翘楚平凡而又非凡的学术人生如此真实生动地展示于世人面前，让海内外广大读者有机会通过这本传记获得学术与人生的双重启迪与激励。数年前拜读这本书的繁体中文版，切切然徜徉于字里行间，是为了探寻蒋教授的理论高妙与逻辑玄机；数年后再读简体中文版，还是那些质朴无华的文字，却别有一番感受在心头。

应海南出版社之约，说了上面的话，与各位同人共勉，不妥之处，恭请方家指正。

是为序。

张杰

2018 年 11 月 18 日，北京西郊寓所

出版缘起

吴中书

台湾“中华经济研究院”院长

20世纪80年代中期，当我第一次见到蒋硕杰先生时，其温和的语调、儒雅的绅士风范让我有如沐春风的感觉。其实在亲和的外表下，蒋先生具有很高的学术素养和坚定的信念，他针砭时事、据理力争的勇者形象20多年来一直深留在我的脑海中。对于蒋硕杰这样一位具胆识、具先知性、刚正不阿的人物究竟是如何养成的，我一直很想知道，相信世人也都很有兴趣探知。

我们知道研究院曾在1992年出版过《蒋硕杰先生访问纪录》，远流公司也在1995年出版了《蒋硕杰先生文集》（共5册），却仍缺乏对蒋先生一生做出完整评介的传记。

有鉴于此，台湾“中华经济研究院”在2011年庆祝成立30周年之际，当时的院长萧代基先生提出完整传记的构想，委由张荣丰先生统筹执行，并托天下文化公司负责规划写作及出版。经由彭慧明小姐搜集资料、访问相关人士之后撰成本书，最后再由台湾“中华经济研究院”最资深、有10多年最近距离观察且追随蒋先生做研究的吴惠林审订、校改并作导读与后记。

全书以时间为轴，从出生到去世描述蒋先生的一生经历，内文分成八章：第一章为成长历程，第二章为求学英国，第三章为关怀政策的北大学者，第四章为10年国际货币基金组织岁月，第五章为美国教学岁月与梨山论坛，第六章为成立台湾中华“经济研究院”，第七章为蒋王论战，第八章为台湾经济自由化的推手。

读完本书后，相信读者会与我一样，除了更深入了解这位传奇的经济大师外，也更庆幸曾经有这样一位经济导师为我们规划经济发展蓝图，使我们能够享受目前经济发展的成果。

更值得强调的是，在金融风暴、泡沫经济如影随形的现在，本书的出版将带给大家很大的启发，并谨以此对蒋硕杰先生表达深深的悼念。

原序

“不怕虎”的学者风范

于宗先

“台湾中央研究院”院士

就目前台湾而言，认识蒋硕杰教授并与其相处最久的，就属我这个后辈了，也许是这个原因，高希均要我为吴惠林教授和彭慧明女士撰写的这本书写序，我义不容辞。吴教授是我在台湾“中华经济研究院”工作时的同人，我对他所撰写的文章及书籍十分熟悉，而且也了解到他是研究蒋教授著作和阐述蒋教授货币理论最有心得的人，而彭慧明女士无论采访和编辑都有丰富的经验，由他们合著蒋硕杰的评传会更加完整与精彩。

吴、彭两人在这本书中所强调的是蒋教授求学、治学，然后为台湾经济发展效劳的一生，对于蒋教授私人生活描述不多，这是与一般“传”不同的地方，也是它最有价值之处。根据他们两人所述，我将蒋教授的一生分成五个阶段。

第一阶段：蒋教授的少年时期

蒋教授出生在一个官宦之家，兄弟姐妹很多，他们从小都受到了很好的基础教育，没有一个人有纨绔子弟的浮华作风。长大后，他们都有一技之长，能够独立生活，而且各有成就。蒋教授在 15 岁以前已读过四书，奠定了他的国学基础；他也读过简易的经济学，对经济学很有兴趣。他于 15 岁那年去日本庆应大学预科读经济，认为读经济可帮助国家富强，改善国计民生。虽然到日本后才开始学日语，但由于领悟力强，他很快就能听懂教授的课了。他也修了一门逻辑学，教人判断一种理论正确与否，对辩论很有用。3 年后，"七七事变"发生，日寇大举侵略中国，蒋教授返国后，又转去英国伦敦大学政治经济学院继续修习经济学。1941 年，他完成大学学业，因财源不继，乃休学一年转去工作。次年才回到伦敦大学政治经济学院攻读博士学位。

第二阶段：开始挑战经济权威

在攻读博士学位期间，他读了经济大师的书，也听了经济大师的课，他不像一般学生，全部接受大师的讲话，而是找出大师理论的缺点著文批评，凯恩斯、庇古都是当时最具权威的经济学家，他敢有这种"不怕虎"的勇气与行为，在研究生中十分罕见。这就是蒋教授与生俱来的勇气和精神。他所完成的博士论文，获得当年最佳博士论文奖。

第三阶段：发表“可贷资金理论”，奠定他在经济学界的权威地位

蒋教授于第二次世界大战结束后回到中国，先去东北参加经济复原工作，并结识了他的贤内助——马熙静女士。1946 年，他回到北京任教于北京大学经济系，从而认识了在清华大学教书的刘大中教授，并结为好友。在这之后，他到达台湾，在台湾大学教书半年后便去 IMF 工作，刘大中已在那里任职。两人性格虽不同，却惺惺相惜。有人形容他们的关系是“秤”与“砣”的关系，凡事合作无间，不分彼此。1956 年，蒋教授在美国最权威的经济杂志《美国经济评论》（*The American Economic Review*）发表《综论：流动性偏好和可贷资金理论，乘数和流速分析》（Liquidity Preference and Loanable Funds Theories, Multiplier and Velocity Analysis : a Synthesis），奠定了他在经济学界的权威地位。在 IMF 工作 10 年之后，他与刘教授离开 IMF，刘教授去了康奈尔大学执教，他去了罗切斯特大学执教，最初他受人尊敬，从而也为台湾学生争取了很多奖学金，后来因拙于言辞、与人无争的个性，薪水多年不增。于是，刘大中教授请他到康奈尔大学经济系任教，直至退休。

第四阶段：经常回台湾，为台湾经济发展效劳

1952 年，蒋教授利用休假时间回到台湾，当时台湾物价飞涨，而经济发展刚刚开始，李榦先生带他去见“台湾中央信托局”局长尹仲容，由于尹仲容相信计划经济可以使经济发展，蒋教授相信自由经济可使经济活络起来，两人话不投机，不欢而散。不过，蒋教授离开时，赠送尹仲容一本米德（J. E. Meade）所著的《计划与价格机制》，尹仲容读过之后，便改变了他原有的想法以及对蒋教授的态度。1954 年，尹仲容亲自写信向 IMF 借将，请 IMF 同意蒋教授和刘教授回台湾，就经济政策提出建议。

当一般的发展中国家与地区都向往“先发展重工业，再发展轻工业”的策略时，蒋教授所重视的则是“重轻轻重”的经济发展模式。对于通货膨胀问题的解决，则是减少管制，提高利率，鼓励储蓄。尹仲容赞成他的意见，于是改变了传统的做法，而台湾的经济发展也有了显著成果。

1967 年，在召开经济发展会议时，出席的经济学者建议成立经济学博士班，培植经济人才，解决台湾人才不足问题。蒋教授和刘教授是核心人物，蒋教授在每年暑假讲授他的经济理论。1968 年，台湾进行赋税改革，由刘教授主持，蒋教授是有力的智囊。他提出采用增值税的构想，认为可以收缩货币供给，减少预算赤字，鼓励多生产、少消费，增值税要比所得税更合理。但刘教授在美国马斯格雷夫（Richard Abel Musgrave）教授支持下（且

大家对增值税都十分陌生）表示反对，于是没有采纳。虽然蒋、刘友谊甚笃，但是蒋教授并没有因此放弃税改的建议工作。

第五阶段：“蒋王论战”所引起的反响

“蒋”是指蒋硕杰教授，他是刚成立的台湾“中华经济研究院”的院长，也是康奈尔大学经济系教授；“王”是指王作荣教授，他是台湾《中国时报》的总主笔，也是台湾大学经济系教授。两人国学基础都很深厚，笔锋健而犀利。一位属内敛，一位属外向；一位重理性分析，一位说理时带点情绪。在争辩时，各不相让，两人均有不服输的倾向。他们所辩论的重点是货币供给问题：一位重在说理，摆出经济学者思考的问题；另一位强调对企业的利害，为不少业者所喜爱。蒋教授认为，滥发钞票会点燃通货膨胀，就是“五鬼搬运法”，最为读者所欣赏。他们两人各有各的支持者，难说谁是赢家。

这场先后为期两年的论战，为学界立下了一个就事论事的榜样，也为官员上了一课，即政策是希望经济稳定，还是在不安定中找平衡。当时，我是台湾“中华经济研究院”的副院长，蒋教授是我的上司，我没有出来参与蒋教授这一边，完全是为了保护刚萌芽的台湾“中华经济研究院”，怕它经不起风浪袭击而夭折，但是仍然无法避免它的“池鱼之殃”。在一次两方相对的座谈会上，参与蒋教授一方的费景汉教授（耶鲁大学）说台湾的业者大都是“白手起家”，这句话并无恶意，却有一位业者起来发言：“我们不是白手起家，而是带着机器设备从上海来的。”从此之后，有数位原本答应捐款给台湾“中华经济研究院”成立基金的业者停止了他们的捐款。

蒋教授过世快20年了，我自台湾“中华经济研究院”退休也已16年，回忆与蒋教授相处的日子也有15年之久，在我的印象中，蒋教授是谦谦君子。在学术上，他不迷信权威，肯坚持自己的看法；对当政者，他不阿谀，一向保持学者的风范；对社会，他从不做倚墙草，讨好某些人；对所批评的事，他从不妥协；对朋友，他以诚相待，为后辈所敬仰。

导读

路遥知马力——缅怀蒋硕杰院士

吴惠林

台湾“中华经济研究院”研究员

凯恩斯（John Maynard Keynes，1883—1946）虽然作古已久，但迄今仍是被公认为举世最有名，甚至是最伟大的经济学家，有“经济学界的爱因斯坦”“资本主义的救星”“战后繁荣之父”等美称。凯恩斯在20世纪30年代提出的理论和政策，不但主宰了往后的经济学，而且经济学家也绝大多数都是凯恩斯的信徒，甚至连其他学派也都受到影响；而经济学之所以成为显学且有“社会科学之后”的称呼，凯恩斯厥功至伟。最重要的是，由于凯恩斯的理论，政府堂而皇之地站上经济舞台成为主角，更利用经济政策来精密调节（fine tuning）经济体系，从此政商挂钩也屡见不鲜。

凯恩斯这样的天才可以说是近乎完美，其学说和做法应难有破绽可挑，也难有同他挑战的人。如果有这么一个能在凯恩斯如日中天的时候敢写文章批评凯恩斯理论，并指责其提供的政策将荼毒人类而疾言厉色大声疾呼的人，实在更令人敬佩。

在1993年10月21日去世的蒋硕杰院士就是这样的一个人，当2012年全球还笼罩在欧债危机、大债风暴，甚至毁天灭地氛围的时候，蒋先生的先知性更加凸显。

话说 2010 年 11 月初，美联储（Fed）实行“第二轮量化宽松货币政策”（QE2），砸大钱（超过 6 000 亿美元）收购美国长期公债，旨在刺激美国经济增长，因为美国经济复苏力道不足、失业率无法有效降低、二次衰退阴影久久不散。

这项政策受到全球瞩目，反对声浪远盖过赞成的声音，即便是在美联储决策小组——联邦公开市场委员会（FOMC）的 12 个委员中，也有堪萨斯城联邦储备银行总裁霍尼格（Thomas M. Hoenig）这位“寂寞的反对者”！[1] 美国的专家学者更是一面倒地看衰，连凯恩斯学派学者也在其中。[2] 国际上除了印度在美国前总统奥巴马于当时到访之际表态支持外，G20 几乎出现一片挞伐。担忧“堆积新泡沫”可说是大家的共同心声。

我们知道，自 2008 年下半年以来，在全球饱受金融海啸之苦之际，各国在美国带头下都纷纷提出化解之道，而“印钞救市”是最常见的戏码。这种“金融市场的魔法”，即便暂时解除了痛苦，隔不了多久也难免“春风吹又生”。而 2009 年 4 月，欧盟轮值主席、捷克总理托波拉内克（Mirek Topolanek）对奥巴马政策更是忧心地批评道，这是“走向地狱”（way to hell）。我们仍得由 2008 年金融海啸的出现谈起。

---

[1] 徐千婷 . 寂寞的反对者 [J]. 苹果日报，2010.

[2] 斯蒂格利茨（J. E. Stiglitz）这位 2001 年诺贝尔经济学奖得主之一最具代表性，他认为，“货币大量供给无法发挥作用，反而会制造毁灭性的泡沫”。而另一位 1999 年诺贝尔经济学奖得主，有“欧元之父”美称的蒙代尔（R. Mundell）也说，“QE2 将撼动外汇市场，美元贬、欧元升，欧债危机恶化”。台湾《自由时报》，2010.

信用败坏惹的祸

众所周知，金融海啸的起因是次级房贷和衍生性金融有毒资产，[1]而金融商品之有毒其实和黑心产品异曲同工，两者都属于“商品”，而且都是“不良品”，只是一个为无形，一个为有形。如果再仔细思量，“商品或物品”的英文为“goods”，而“good”之意乃“好”，故商品本应是“好东西”，如今却在毒害人，因而这些东西实在不够格称为商品！话又说回来，无论是“金融商品”还是“黑心商品”，都是人制造出来，进而进行交易的，这不就是人心沉沦由红转黑，以致信用败坏、存心欺骗吗？所以，除非“人心向上提升，诚信得以寻回”，否则一定是“斩草不除根，春风吹又生”的结局。

有形黑心产品容易理解，但无形的金融（有毒）商品可就费解了（有必要做出进一步剖析）。其实，金融应不应成为商品就是关键问题，这不只难说清，而且根本不可能说清楚、讲明白。写到此，我不禁深深怀念蒋硕杰院士，也为他生前未能获颁诺贝尔经济学奖而叫屈。因为他毕生都在捍卫“货币的本质”，紧守“货币为交易媒介”，要求各货币管理机构严控货币数量。当今世人扭曲货币的本质，将“交易媒介”的“信用”这种内涵掏空，于是所谓的“衍生性金融商品”如雨后春笋般大量涌现，人们在“杠杆原理”的催眠下大肆上演金钱游戏，

[1] 关于衍生性金融商品为有毒资产可参见《超级交易员》[M]. 台北：繁星公司，2010 年 12 月.

大演“五鬼搬运”戏码，在偌大金融泡沫破灭之后饱受折磨。所以，可以说一切的一切，其实都是“货币过多”和对“货币角色”的误解惹的祸。我们就由蒋硕杰院士在1982年8月31日发表于台湾《中国时报》的《“五鬼搬运法”观念之澄清》这篇文章谈起。

蒋先生在这篇文章中，除了清楚地将“五鬼搬运”和“金蝉脱壳”进行仔细解说外，也明确地指出了货币供给额变动的三大因素：一是财政赤字；二是金融赤字；三是国外资产净额增加。在蒋先生写作期间，财政保持盈余，资产净额增加也不明显，而出自银行的金融赤字却有大问题，因此蒋先生便有了“五鬼搬运法就是金融赤字”的说法，如今却是三种因素一起出现。无论是何种因素，最后都反映在货币供给的增加上，而后物价上涨必然被带动，进而又产生“金蝉脱壳”的事实。所以，货币供给才是主角，由于其“过量”增加是罪魁。这里，至少要弄明白两大问题：一是货币供给“不当”增加的三大因素的“推手”是谁？二是货币到底是什么？

就第一个问题而言，可以说都是政治力量作祟。我们知道，20世纪80年代中期之后，外汇储备猛增是不当的管制政策所致。而财政赤字，即入不敷出、举债度日，这样的情景在多年以后仍然颇困扰台湾，这当然也是台湾当局一手导演的。至于金融赤字，表面上似乎是金融机构没有尽其金融中介责任，然而往往是政治力量指使金融业者、压迫金融业者，或者台湾当局没有尽到监督责任，甚至是纵容金融业者所致。不必举人尽皆知的那段金融机构被当局垄断，并由当局和民意代表及特权主导的时期，就是在新银行开放设立，所谓金融自由化开始的时候，我们不也时常见识到当局以软硬兼施的手法要银行以低利率贷款给有关业者吗？而“纾困”“打消呆账”更是明目张胆的做法。总而言之，无论哪一种“不当”的增长货币供给的做法，都是当局的黑手在指导，都是妄想以“看得见的手”取代“看不见的手”来调控市场，而不让市场机制自由发挥。

为何政治力量那么喜欢、那么自然地使用货币政策？这与对货币的认识有关。今天的人类似乎都自认知道货币，也大都认为货币就是钱，就是钞票。可是，当被问起“信用卡是货币吗”类似问题时可就感到茫然了，因而“货币是什么”乍听之下是经济学幼儿园的问题，但进一步深思就会意识到其不简单不容易，甚至很可能永远找不到令人满意的“标准答案”，虽然汗牛充栋的经济学教科书里有定义，但那个定义却是极其不标准的。我们就由一则故事说起。

问世间，货币为何物

国际著名的产权经济学家张五常教授在 1963 年于加州大学洛杉矶分校（UCLA）攻读博士学位时，旁听阿尔钦（Armen A. Alchian）这位怪才名家的课，在学期一开始的第一堂课时，阿尔钦一进教室劈头就问：“什么是货币？”就这个看似简单的题目，师生们［都是一群IQ（智商）极高的人类］搞了3个星期，还是找不到完满的答案，而阿尔钦在多年后虽发表了《为什么有货币》的论文，但仍然被认为有待商榷。

对于货币或金钱，蒋先生博士论文的指导教授、已故的1974年诺贝尔经济学奖得主之一哈耶克（F. A. Hayek，1899—1992）有很精彩的描述，但也似乎没有明确答案。哈耶克不客气地说，一般人对于不懂的事物，往往因为猜忌而产生厌恶心理，对于货币就是如此，尤其是因为货币是高等文明秩序中最为抽象的东西，这种厌恶心理也就更为强烈。贸易依赖货币，透过货币的媒介传导，个别特定的交易行为可以在最遥远的地方，以最间接的方式形成种种最为一般化，而且也最不容易理解的影响。人类的合作秩序若要永久持续，就必须借助于货币，但货币也会使引导人群合作的种种机制，覆盖在一层难以穿透的浓雾之中。一旦以物易物被以货币为媒介的间接交易取代，原本还可以理解的事物便消失不见了，代之而起的就是种种抽象的人际互动过程，于是即使是最富有洞察力的人，也无法全盘理解。就是因为如此，哈耶克才说，货币，或者说我们平常所使用的“金钱”，是所有事物当中最难理解的东西。哈耶克还将其比作“性”，是人类最不可理喻的幻想所投注的对象。货币和“性”一样，同时令人陶醉，令人迷惘，而且受人排斥。

哈耶克指出，讨论货币的文献，也许比讨论其他任何单一主题的文献都要多上许多。很早以前就有人宣称，即使是爱情，也没有哪个主题能有办法驱使如此多的人变得疯狂。稍微熟悉货币类文献的人，一定可以了解此人的心情。对于金钱既爱又恨的心理，也许更为常见。金钱是自由最有力的宝贝，同时也是最邪恶的压迫工具。这种最广泛流通的交易媒介，却引起一般人的焦虑不安——那种因为置身于无法理解的过程而产生的不确定感，而一般人对此又是爱恨交加，因为他们热切地渴望得到这个过程的某些效果，但对于其他随这些想要的效果一起到来的不可分割的效果，却又恨之入骨。

哈耶克认为，货币制度就像道德、法律、语言，以及各种生物那样，来自自发（自然演化）的秩序，因此，也同样受到变异与演化选择过程的锤炼。然而，货币制度终究是在所有自发形成的结构当中最不令人满意的产物。哈耶克曾举例说，自从在专家们的指导下，基本上含有自动调整机制的国际金本位制被由政府刻意操纵的“货币政策”取代之后，迄今已过了将近70年；但很少有人敢说，在这期间，货币制度的运作有何改进。事实上，根据人类过去的经验，货币确实并不值得信任，但不是因为一般人所设想的那些理由而不值得信任，而是因为货币经历过的演化选择过程，比其他制度受到的干扰更多。由于受到政府垄断、阻挠市场竞争进行各种试验的影响，演化选择机制在货币方面未曾充分发挥作用。

哈耶克进一步说，在政府的照顾之下，货币制度已经发展到非常复杂的地步了。然而，在这个发展过程中，由于政府从中作梗，几乎没有市场试验，也很少让市场自由选择可能适合它的制度。因此，我们到今天还不太清楚什么是好的货币，也不知道货币可以好到什么程度。其实，政府对货币发展的干扰与垄断，并不是从最近才开始的，几乎在铸币开始被市场选为普遍接受的交易媒介时，政府的干扰就不断地发生了。哈耶克严厉地指责说，“没有货币，长久的自由合作秩序就无法运行，但货币几乎从一开始就遭到政府无耻地摧残，以致它竟然变成在长久的人类合作秩序中，干扰各种自动调适过程的主要乱源。除了少数几个幸运的短暂时期，整个政府管理货币的历史，简直就是一部诈欺和蒙骗的历史”。在这方面，哈耶克已经证实，政府比任何在竞争的市场里提供各种货币的私人机构，都来得更不道德。哈耶克说过不少次，如果政府不再垄断货币，那么市场经济的潜能也许会有更大的发展空间。[1]

哈耶克所描述的人们对于货币的复杂情结（货币能够促进交易繁荣，能够为人类文明做出贡献；货币也能够导致种种抢夺、斗争行径），如果没有证据是很难引起共鸣的，而我们可以从《金钱简史》这本书中找到最好的佐证。[2] 该书透过近 2 000 年前小亚细亚西部富裕古国吕底亚（Lydia）发明硬币以来，人类改朝换代的历史演进，以钱币、纸钞、电子钱币三大货币演化时期为线索的历史陈述，让我们见识到人类与金钱之间的各种形形色色的关系。我们看到罗马帝国因为善用货币而繁荣，也看到贪婪帝王胡乱铸币引发信用崩溃而亡国，还见到金钱被视为罪恶、利

[1] 哈耶克．致命的自负 [M]. 谢宗林，等译．台北：远流出版公司．1995:154—157.

[2] 金钱简史 [M]. 台北：商周出版社．1998.

息被认为是有罪的历史，更让我们看到了抢夺货币发行权而引发的政教之战。到了现代电子货币时期，的确是又一次的革命性货币演变，但对于货币到底是什么的疑问，不仅没有提出更明确的答案，反而让世人更眼花缭乱，也更迷乱，作者所用的“虚拟经济”无疑是传神的比拟和写照，这与“泡沫经济”同义，仅就我们眼见的信用卡引发的诸项弊端以及金钱泡沫投机游戏带来的祸害来看，实在让人搞不懂人类究竟是进步了，还是退步了，抑或一直没长进；人类有没有从历史中得到宝贵的启示。

正如哈耶克所言，就是因为货币神秘难解而且威力强大，才会吸引无数精英投入该领域，身为哈耶克爱徒的蒋先生也将之作为毕生的研究重点。虽然蒋先生并没有像哈耶克那样对政府控制货币 70 多年的历史表示深恶痛绝，也没有强调这是乱源，更没说是蒙骗和诈欺历史，也没有说政府不道德，但由“五鬼搬运”“金蝉脱壳”等形容其实也可以得知师徒二人的“实质感受”并无二致。

我们都知道，蒋先生始终坚持货币是“流量”而非“存量”的基本观点，在多篇学术论文中一再强调解说，这几乎已经成为蒋先生的注册商标，就这一重点，不仅和凯恩斯学派学者完全对立，而且不可思议的是，更与被视为自由经济代表人物的弗里德曼（M. Friedman，1912—2006，1976 年诺贝尔经济学奖得主）的观点南辕北辙，因为弗里德曼也主张货币是“存量”的概念。

货币如人体血液流动不已

蒋先生对弗里德曼的这种看法多次表示疑惑不已。笔者顺手找到蒋先生在1989年元月写给台湾中华教育文化基金会的《访问奖学金得奖人报告》，报告记载他在1988年年底访问芝加哥大学，在卢卡斯（R. E. Lucas JR.，1995年诺贝尔经济学奖得主）教授主持的货币银行学讨论会中发表题目为“存量分析抑流量分析”的演讲。

蒋先生这样写道：

……讨论货币理论究应采用凯恩斯学派之存量分析法抑传统之流量分析之问题。以战前1959年前后美国股市之大波动及崩溃为例证，阐明1929年前股市之狂涨，实系由于投机者大量购买股票之资金，乃系由股票经纪商代向银行融通所得。而银行融通之资金又系因联邦银行不欲令利率上涨故而增加货币数量以供应者。因此股票之多头投机，遂连带引起通货之不停膨胀。及至1928年年终，联邦银行始了解宁可任利率上升，不可再任货币数量上涨，于是急速紧缩信用，使货币数量之增加快速停止。股市遂亦停止上涨。多头投机者于是急速抛售其股票以求偿还其债负。而偿还之资金流入银行后又不一定能再由银行迅速贷出。于是，货币流通数量因而急剧下降。例如，1930年这一年内股票经纪人借款余额（按均是代投机顾客所借者）下降34亿美元，而各银行之活期存款则亦下降48亿美元，遂造成深重之不景气。此间来龙去脉显然仍以用传统之流量分析法——特别是维克塞尔的“累进式银行信用膨胀理论”——说明之最为清晰明了。如用凯恩斯之存量分析法，则反易失察货币数量变动之动态及因果也。听者多首肯。

芝加哥本是美国反凯恩斯学派之中心。但自弗里德曼教授以来又采纳时髦之存量分析法，故弗里德曼之货币理论本人从不能全部接受。今其徒众大都同意我说而无反驳之意见，亦表示思潮之转变也。[1]

弗里德曼的徒众是否接受流量的说法，以及思潮是否会转变，是值得商榷的，此由类似 1929 年的崩盘事件一再重演（只在程度上有别）即可见其一斑。稍加思考即可发现蒋先生对 1929 年美国华尔街股市崩盘的解说与哈耶克并无二致，[2] 而弗里德曼与施瓦茨（Anna Schwartz）的名著《美国货币史》（*A Monetary History of the United States, 1867—1960*）记载的是美联储突然大幅降低货币供给增加率，这容易让人误以为若持续增加货币供应量，就不会有世界经济大恐慌。在 1998 年亚洲金融风暴正炽热、日本经济仍疲弱不振之际，弗里德曼接受媒体访问，竟以增加货币供应量的扩张政策为药方，这种酷似凯恩斯学派的主张也印证了他对 1929 年美国货币数量变动之解读。如此，对应蒋先生对弗里德曼的批评，当然更能认同蒋先生的说法，也就是说，弗里

[1] 本书中所有引文均未做通俗化处理，请读者知悉。——编者注

[2] 吴惠林 . 公共政策停看听 [M]. 台北：翰芦图书公司 . 1944:11—23.

德曼至少在货币理论的看法上更倾向于凯恩斯，而关键所在就是对流量与存量的看法。[1]

货币流量说就如同视货币为人体的血液，流动不已，让经济体系动态地顺利运作，而经济体系的运作当然依赖于无数“个人”的交互关系或交易行为的持续不断进行。说得直白些，货币作为“交易媒介”，本身没有价值，只是一层“面纱”，这也是古典经济学家的说法。从另一个角度来看，当前的经济词汇就是指的“狭义货币”。

蒋先生在 1981 年 6 月 20 日发表于台湾《中国时报》那篇文章《货币理论与金融政策》里，就这么说：

……我所以坚持要用狭义的“货币数量”的定义，其理由是在通货膨胀威胁之下，货币只可能被用作“交易的媒介”或“支付的工具”，不会再被广泛地用作“价值的储藏工具”了。同时也只有狭义的“货币”才能用作“支付工具”，其他附有利息的储蓄性存款虽然可以用作“价值储藏工具”，却不能用作“支付工具”，而必须转换为“货币”才能用以购买或支付，与其他“票据”等并无二致。所以，我一向主张不可将储蓄性存款与狭义的货币合并在一起而统称之为广义的货币 M2。在这一点上，我和弗里德曼教授的看法并不一致。

---

[1] 哈耶克在其 1994 年出版的自传里，曾表明其对芝加哥学派几位学者的看法，他觉得弗里德曼和他除了在“货币政策”外，其他各方面的见解几乎完全一致。这种感觉应该也适合蒋先生。中文繁体本于 1997 年 1 月由远流公司出版，在第 168 页下方记载着这段谈话。

流量概念或狭义货币，应该就是只承认货币作为“交易媒介”的功能，货币需要以生产或服务行为的价值为后盾，它本身并无价值，蒋先生在 1982 年 7 月 18 ~ 20 日的《纾解工商业困境及恢复景气途径之商榷》一文中，就很清楚地说明：

在把通用货币作为交易媒介而不准私人自制货币的国家，一般人民及厂商要想得到一些货币以供行使之用，必须先从事一种生产或服务行为以赚得相当价值之货币。其所赚得之货币，即是他对国民生产的贡献之指标。他们以如此赚得的货币来购买一切商品，就是享受他们自己的生产行为应得的成果。

也就是由于这样的认识，蒋先生很自然地顺势将“五鬼搬运法”这个名词推了出来。他接着说：

假使有人既不从事生产或服务，又不肯以适当的代价向人告贷，而私自制造一批货币，拿到市上来购买商品，那就等于凭空将别人的生产成果攫夺一份去了一样。这不是和窃盗行为一样吗？而且这窃盗行为是极神秘而不露痕迹的，它能够不启人门户，不破人箱笼，而叫人失去财物。我们不妨将其戏称为“五鬼搬运法”。这种法术，费景汉教授曾称之为“凯恩斯的魔法”。其实这绝非凯恩斯所发明，在我国 2000 多年前早已有人使用过。汉文帝在他老糊涂之后，曾经因为听说他的嬖佞邓通依相法当饿死，就特地赐他一座铜山，并准他私自铸钱。这就等于特许他使用“五鬼搬运法”，任意搬取别人财物一样。因为别人辛苦生产的成果，他只要以私铸的钱，就可以取得。这种特权自然是众人所嫉。一旦文帝崩逝，年轻有为的景帝即位后，就迅速将他的特权取消，并且将他那份富可敌国的财产全部没收，使他最后还是饿死街头。

在提出“五鬼搬运法”之后，蒋先生再生动地导出“金蝉脱壳法”，他是这样叙述的：

现代的“邓通们”聪明得多了。他们不向当局要求私印钞票的特权，而只怂恿银行去大批增加货币供给，用极低的利率来贷款给他们，由他们去使用以购取财货。其结果也同样能以非从事生产所获的新制货币来攫取别人生产的成果，而他们却避免了触犯刑法。往往一笔低利贷款，就远远超过汉朝邓通一辈子可能铸造的钱。至于他们因此积欠银行的负债，他们另有一套“金蝉脱壳之法”来解脱。

这么巧妙地偷天换日法术，蒋先生指明是凯恩斯引介出来的，蒋先生说：

这一套法术，虽然也未必是凯恩斯的发明，却曾经由他推荐给法国财政局。第一次世界大战之后，法国政府曾因战费欠下一笔庞大的公债。这笔公债的利息与还本，成为法国或政府战后财政上极沉重的负担。凯恩斯在他当时发表的一篇论文中曾经建议：假如他对法国财长借箸代筹的话，他一定要故意制造一场严重的通货膨胀，使物价大幅度上涨，那么这笔战时公债的真实负担自然也随之减轻了。我做学生的时候拜读了这篇文章，深怪这位大师何以竟如此充斥着野狐禅气息，所以始终对他的理论颇存戒心。不料今日的台湾报界竟滔滔者皆凯氏之徒也。

其实，不只当时的台湾报界全是凯氏之徒，全球应该都是如此，而迄今似乎也没什么大的改变，反而可能在“尊重市场”这个美丽口号的屏障下更尽情地使用凯恩斯传授的方法，毕竟“看得见的手”的调节就是“权力”的同义词，追求名利的凡人，怎么可能舍弃呢？何况指责施用“五鬼搬运法”容易，但要举证却夸夸乎其难也。而2008年下半年开始上演的金融大海啸也只是历史重演而已，其根源就是误解货币、滥用货币、滥发货币，如今也还是印钞救市当道，难道不令人感叹吗？

从这样的角度来看，凯恩斯是“不朽”的，因为他发明的工具实在是太美妙了，让人舍不得不用它。不过，凯恩斯本人可能不是像蒋先生笔下所谓的“充斥着野狐禅气息”者，而是真的有心帮世人解决生活难题者，只是他所提供的“短期时效”工具反而成了人类福祉的威胁。[1]

施建生教授在《哈耶克与凯恩斯》（刊于1992年7月10日

[1] 只由凯恩斯的名言“in the long run, we are all dead”的字面意义，或许就可推知凯恩斯为何特别重视短期，也可印证其忧心。

《经济前瞻》）这篇文章中说：

凯恩斯从不承认为了增加货币需要以促进就业之永久的增加是须以不断增加的通货膨胀来支持的。但他后来已彻底地认识到，对货币需要之不断增加最后必会引起通货膨胀的危机。到了晚年，他已对这一问题之发生甚为忧虑。但是，不是活着的凯恩斯，而是他的理论，继续享有影响力，决定了以后事态的发展。哈耶克曾以他自己的经验加以证明。他说，当他于 1946 年最后一次与凯恩斯讨论这些问题时，凯恩斯已对一些与他最接近的同人不断极力主张信用扩张表示惊慌。他甚至诚挚地对哈耶克保证，如果这些会对 20 世纪 30 年代之通货紧缩所切需的理论产生危险的影响，他将会立即挺身而出，设法改变舆论，使之步上正确的方向。但不幸的是，3 个月以后，他就逝世了。[1]

不过，即便凯恩斯能活得够长，也真能挺身而出、登高一呼而极力想改变舆论，我们也可以合理地怀疑其效果，这不仅仅是因为覆水难收，主要还是因为这个工具实在太好用了。就此覆水难收一事，蒋先生也曾说得很清楚，就在以下引文中，蒋先生是这样说的：

凯恩斯当时的建议并未被法国财政当局接受，但是聪明的企业

[1] F. A. Hayek. Studies in Philosophy [J]. *Politics and Economics*. 1967, p.348.

人士一看就识得其中奥妙。他们怂恿中央银行加速增加货币来贷款给他们，也就等于让中央银行来施展“五鬼搬运法”替他们搬运资财。这种“五鬼搬运法”不免使物价上涨，那时他们正好利用之以减轻他们过去的负债，而他们的资产却都早已立刻投资到实物及外汇上去了。最后再配合以汇率的贬值，他们借着“五鬼搬运法”取得资产后，又顺利地用“金蝉脱壳法”将债务推卸掉了。这岂不是发财的途径？当然我绝不是说所有的企业都是走这条路线的。但是只要这条路线开放着，就不免有很多人要在这方面动脑筋；他们的“御用”文士们就会不断地替他们在报端呼吁鼓励，将它说成加速经济增长必须采用的途径及目前纾解工商界困境的妙策。

这一段话当时在一次报社举办的座谈会中被目前已故的费景汉院士再加以引申，没想到竟然惹火了许多工商业者，攻击的炮火也更加猛烈，虽然蒋先生曾再次写文章详细且婉转地做出说明，澄清观念，然而似乎于事无补。不过，30 多年之后的今天，“五鬼搬运法”已成为流行名词，其情况并未改善，这不但印证了蒋先生的先知，也反映了更赤裸的争权夺利的人性。

虽然身陷重围，虽然明知吃力不讨好，但是蒋先生坚持其一贯的理念，本着知识分子“虽千万人吾往矣”的精神，勇敢而率直地说理，尽力导正社会流行的错误观念。1987 年 10 月 22 日和 23 日，蒋先生于台湾《联合报》发表《“拔苗助长”的经济政策》长文，他在文中指出，无论是在落后的还是在先进的地方，与“拔苗助长”性质相同的经济政策相当普遍，令人担忧的是，尤其在民主的地方，“拔苗助长”性的经济政策更具有令人难以抗拒的政治压力。因为搞政治必须要靠群众支持，可是群众不是都能深谋远虑而又能了解经济发展的基本原理的，大多数只能见近利，而无长远眼力，若有野心政客以立竿见影的政策号召，就很容易响应追从。蒋先生特别以劳工政策中的工会组织及罢工权为例，以英国、新加坡、阿根廷以及中国台湾等国家和地区为例相互比较，尤其重视阿根廷庇隆（Peron）政府的惨痛经验，殷殷告诫我们的当局官员及具有影响力的人士，千万勿铸下“拔苗助长”的大错。

观察几十年来台湾环境的演变，蒋先生的忧心及远见恐怕可能成真，尤其是劳工政策及社会福利方案一波接一波袭来，看来蒋先生的诤言是没有作用的。连具有如此崇高地位的学者的建议都无效，遑论其他名不见经传者的言论！

“道一以贯之”的蒋硕杰——无形且至简至易的“大道”

再重新回顾蒋先生一生的言论和主张，我们会更坚定地认识到蒋先生是地道的“道一以贯之”典型。他所坚持的这个道理简言之就是“自由经济”“市场经济”，是回归亚当・斯密（Adam Smith，1723—1790）时代精神的体现，无论是“重视储蓄”“去除管制，自由化”“反对凯恩斯政策”“狭义货币，流量概念”，还是其忧心的“拔苗助长”政策，都同样指向“反对政府干预，让市场机制充分发挥”这个平淡无奇且看似简单的结论。不过，这也是蒋先生的老师哈耶克的主张，哈耶克的“自发秩序”就是“市场秩序”，而市场是“无数”的“行为人（个人）”行动的场所，只有活生生、有血、有肉、有灵魂的“个人”才有行为能力，只有个人才有可能谋求“自己的”最大福祉，任何其他人都不能越俎代庖。

可是，我们似乎看到，在实际社会中，芸芸众生竟然茫茫然六神无主，他们是天生如此，还是后天被塑造？无论是什么原因，难道不应该让他们重新找回做人的本质吗？而通过信息的传播、不断地学习和尝试改正错误，这是可以做到的。其实，或许情况还未恶化到如此地步，而“三个臭皮匠，胜过一个诸葛亮”“愚者千虑，必有一得”的谚语也已生动地呈现出“知识是散在民间的”（哈耶克语）景象。这样的话，市场自然不是任何人或任何团体可以独断、任意摆弄的，由“凡人”组成的政府，当然更不可能打“精密调节”（fine tuning）的如意算盘了。

蒋先生所抱持的市场经济原理，用亚当·斯密的名言“看不见的手”形容颇为贴切，也与古语“大道无形”不谋而合。我们知道，斯密的看不见的手引导行为（个）人的行为时，隐含着行为人必须遵守起码的伦理道德，而“诚信”就是最根本的市场伦理，货币之所以被称为“信用”想必也是基于相同道理。我们在蒋先生的文章里并没发现他曾提及伦理道德这些事，但他强调货币流量、交易媒介功能，或许已认为这些是市场经济里的前提条件，就像人必须吃饭、睡觉这么自然一样，根本无须再提。

蒋先生认为，经济学是人类的智慧结晶，由其道一以贯之来看，应是指截至亚当·斯密的经济学，因为之后的经济学越来越往“技术”层面发展，而冠以“科学”（指与自然科学相类比）称谓，这恐怕不但增进不了人类福祉，反而会形成伤害，特别是当由凯恩斯引领的总体经济学兴起之后，人被物化、机械化地压进“数理模型”，这可以说已完全丧失“人味”，怪不得有人直接指责现代经济学里已经“没有人”了。科斯（R. H. Coase，1991年诺贝尔经济学奖得主）时常挂在嘴边的“黑板经济学”，以及哈耶克指称的“科学迷”都讲的是同一件事。数理的包装加上“严谨”“科学”的要求，让研究经济学成为一种极端艰深、复杂但“与世隔绝”的专业工作，使经济学者形成一个既得利益团体，让经济学变成一门提供政策工具以作为政客帮凶的学问。

写到这里，我不禁想起弗里德曼在1985年一次演讲的结语：

> 经济学是一门迷人的学问，而最令人着迷的是，它的基本原理如此简单，只要一张纸就可以写完，而且任何人都可以了解，然而真正了解的人又何其稀少。[1]

弗里德曼所说的经济学，应该是指斯密时代的古典经济学，如今大家朗朗上口的“看不见的手”“分工”这些名词说起来简

[1] 弗里德曼，我成为经济学者的演化之路 // 百利特，18位诺贝尔经济学家的故事．台北：天下文化出版公司．2007:99—116. 我们应特别注意其最后那一句话。

单，但要知晓其内涵却是极其不容易的！[1]

蒋先生曾将“储蓄”抓回重要位置，使得“永续发展”的真正的“人生”理念重回人间，这也是反凯恩斯的关键点。其中涉及货币应是流量还是存量，以及政府角色等根本课题。强调储蓄并非货币存量理念，而是时间过程中的流量，以及增加价值及让未来的人生更幸福的概念，其决策主体是活生生的“个人”，其中涉及的金融中介也都应是依循市场机制的理念。不过，不可否认的是，现实世界是极端脱离这个境界的，我们已都习惯于政府控制货币，也对政府干预金融中介习以为常，再加上视货币为存量的观念的作祟，以及所谓的“通货紧缩”理念的推波助澜，“增发货币”拯救经济萧条也就理所当然了。这种心态也正是解读 1929 年美国华尔街股市大崩盘以及随之而来的世界经济不景气最被人接受的典型方式。之后的多次世界经济衰退及金融风暴，也大都被这样看待，而“增发货币”就是最标准的药方。[2]

无论从何种角度观察，问题的“终极症结”还是政府这只

---

[1] 已故的华裔著名学者杨小凯甚为得意其在经济发展学上得到进展，冠以“新兴古典发展经济学”，其宣称已有可解决贫富悬殊国家发展差异的老问题的方法，不过他们基本上还是借用数理分析，得到的答案似乎也脱离不了古典学者们的看法，只是用了流行工具而已，而模型中是否有活生生的会行动的“人”也值得怀疑。这也让我想起杨小凯曾承认哈耶克的文字分析法的严谨程度比数理模式有过之而无不及，但他却想将之数理化，除了符合主流需求外，有何意义？或许只浪费人力、物力等宝贵资源而已。

[2] 在亚洲金融风暴之后红得发紫的 2008 年诺贝尔经济学奖得主克鲁格曼（P. Krugman），其《失灵的年代——克鲁格曼看萧条经济》这本书就是最佳的代言，在其有力的带动下，凯恩斯药方更不可能消失了。不过，该书乍看之下迷人、有趣，其间隐藏的问题却是多多。关于政府控制货币与金融风暴甚至是经济风暴的关系，可参见吴惠林、谢宗林．国际金融危机与国家货币主义 [J]. 经济前瞻，1998:112—128.

“看得见的手”所扮演的角色，而凯恩斯理论及其药方就是要政府做强而有力的干预。由此观之，共产主义、集体主义以及“凯恩斯主义”，“本质上”并无不同，都是中央政府当“老大哥”或当上帝，从善意的角度来看，统治者都具有悲天悯人胸怀，想要拯救苍生，想透过妥善规划来达到促进全民福祉的高尚目标。结果是，共产主义试验70年后被放弃，集体主义40年来已经风雨飘摇，而“凯恩斯主义”虽在20世纪80年代因“滞胀”（stagflation）饱受责难，但迄今却在“自由经济”招牌下，以“必要时干预”这个吊诡、无瑕疵的名词为挡箭牌而更加活跃。不但“货币国家主义”的地位日益巩固，政府更在许多方面深入触角、扩大干预范围，弗里德曼说得好：

我很高兴，《资本主义与自由》中文版能面世。虽然该书英文第一版发行于30年前，但该书所揭示的理念是永恒的。那些理念适用于30年前，也适用于今日的环境，而就某些层次而言，可说更切合当前的局势，政府干预市场的年代已因舆论而有所改变，当年批判政府干预属于极端且激进的论点如今已广被接受。尽管如此，政府干预的行为并未随着观念的改变而同等变化。

相反，在美国和其他西方国家，政府的角色自20世纪60年代以来，非但没有减弱，反而有增强之势，今天的政府花掉大部分的国民收入，采取更多的管制，且更细腻地干预到个人生活。

…………

苏联的瓦解使我们相信，我们正在进行的任何事情都是正确的。其实不然，似乎我们正努力走向50年前的共产主义国家，而共产主义国家却正努力走向75年前我们所处的国家形态。

…………

以美国为例，我确信反转目前的方向且缩小政府规模和减少侵犯个人事务是极为迫切的做法。我们的行为有必要配合我们所说的话。

美国和其他发达国家的例子显示，一旦透过市场机制赢得繁荣之后，常有强烈倾向走向越来越严重的干预，要维持市场机制的运作可能比导入市场机制更困难。[1]

弗里德曼的“我们的行为有必要配合我们所说的话”特别值得注意及深思，毕竟“自由化、国际化”“松绑”不能沦为口水，有必要尽快落实。不过，也正如弗里德曼口中的美国和其他发达国家的例子显示：一旦透过市场机制赢得繁荣之后，常有强烈倾向走向越来越严重的干预。可能是因为凯恩斯的干预理念深印在有关的决策者心头吧！有人也许非常不同意我将凯恩斯主义和共产主义等归为一类，因为“干预程度”有天壤之别，不过，朱敬一院士在1991年的一篇文章应可作为最佳注解，该篇文章的标题是“百分之一的法西斯就是百分之百的法西斯——阿罗教授‘不可能定理’的应用”。[2]用在政府干预上，就是“百分之一的

[1] 这段话摘自弗里德曼在1993年2月特别为《资本主义与自由》中译本所写的序。

[2] 1991年6月18日刊于台湾《民众日报》。

干预就是百分之百的干预”，[1]这不也就是我们极熟悉的‘五十步笑百步’吗？

在此情况下，我们不免更加怀念、也越发敬佩蒋先生的洞见及勇气，他在身为研究生时就看穿凯恩斯理论的可怕，而20世纪50年代之后更倾尽全力拆穿凯恩斯政策的祸害。他在国际上受到托宾（J. Tobin，1981年诺贝尔经济学奖得主）等权威学者的围堵，在中国台湾则受到诸多舆论的围剿。尽管四面楚歌，蒋先生还是勇往直前，本着这样的精神：

> 尽管有人对我有种种污蔑与曲解，我自信我所主张的与我所反对的都是有一贯的理论与经验之根据的。
>
> 孟子曾经说过：“予岂好辩哉，予不得已也。”我们以同样不得已的心情来写这篇文章，以就正于不受既得利益所左右的爱国君子，尤其是要献给正在研习经济学的青年学子们，以免他们在报端只能看到一面之词，而被人彻底洗脑。[2]

蒋先生不仅仅在写这篇文章时有这种心情，可以说，他在写所有的文章时都是如此。对照蒋先生对抗不当政策和舆论的言论

---

[1] 一定有不少专家、学者不同意这样的引申，但就“干预心态”的本质而言，是难以反驳的，而反对政府干预，并非意味政府不重要，正好相反，是希望政府扮演合适角色，做“应为”之事，且应将其尽力做好，如保障人民的生命财产安全，将经济事务还给自由市场或民间。

[2] 这是《纾解工商业困境及恢复景气途径之商榷》一文的结语，此文被收录在《蒋硕杰先生时论集》中。

与精神，我们真能无感于今不如昔之叹吗？难道我们只能在蒋先生“形体虽远，但精神常在”的感想中叹息吗？

货币和金融产业返本归真

最后，值得一提的是，2008 年诺贝尔经济学奖得主克鲁格曼这位新凯恩斯学派大将，在 2009 年 3 月底的《纽约时报》发表《金融市场的魔法迷思》一文，他竟然也和蒋先生一样，抱持金融机构只宜扮演“金融中介或桥梁”角色这一观点！

在克鲁格曼的文章中，最重要的论点就是针对“金融产业”的，克鲁格曼跟蒋先生的看法几乎相同，都认为金融机构只应扮演“资金的桥梁”或“金融中介”的角色，也就是右手接受民间的存款，左手再将这些存款贷放给从事实质生产的业者，而且要尽心尽力找到既有诚信又有能力（即生产力高）的业者。克鲁格曼形容这种金融业是沉稳甚至无趣的产业。银行被设立在能给存款者带来方便的地点，会运用诸如两台免费的烤面包机吸引储户，再用引来的钱提供贷款，情况就是这么简单。

这样的金融体系不但无趣，而且规模也是小的，在美国股市兴起的 20 世纪 60 年代，金融和保险业合计也只占 GDP 的不到 4%，而这种无聊、原始的金融体系却维系了大半个世纪，使人们生活水平加倍提升。而在 2008 年金融海啸发生前夕，金融和保险业占了 GDP 的 8%，更有规模巨大的公司吸引了社会中头脑最好的人才，他们让金融世界光鲜亮丽，其背后的证券化过程使贷款不再专属于借方，而是将贷款继续贷给其他人，这些人把贷款细切、分割，并把个人的债务整合成新资产，于是次级房贷、信用卡卡债、车贷等都进入金融体系中，结果金融风险倍增、金融体系弱化，进而惨遭崩解，甚至危及各产业，使全人类遭殃。

所以，我们有必要让货币或钱回归到“交易媒介”的本分，也要让金融产业回到“金融中介或桥梁”本色，而社会中各行各业也要认识到贷款应是从事实质的生产，而不可作买空卖空、投机炒作之用，这应是2008年金融海啸带给世人最大的启示。但愿人类汲取教训，不要再沉迷于当代金融市场的魔法中，早日找回沉稳、无趣的金融产业才好！但2010年年底美联储的QE2政策出笼，而且美联储扬言不排除QE3、QE4的持续，人类似乎仍然没得到教训，依然在错误中迷失而无法自拔！如果蒋先生还在人间，他会如何做呢？这未免也让我们更怀念蒋先生。

第一章

成长历程

蒋硕杰会注意经济问题，也是因为受父亲的影响极深。蒋硕杰的小弟蒋硕平说，父亲经常告诉蒋硕杰，一个人得志时，要有改善整个社会、整个国家的志气；不得志时，也要努力使每一个自己所到过的地方，“比自己未到过以前，略有进步”。蒋作宾就以此勉励儿子们，要有为身边的环境或所在的国家奉献自己的精神。

1918 年 8 月，盛夏的上海，蒋硕杰出生在一个兄弟姐妹众多的大家庭中。受父母身教言传、极力栽培，他开始了他壮阔的一生。

一生尽心国事的父亲

蒋硕杰的父亲蒋作宾（1884—1942）出生于湖北应城，字雨岩，幼时家贫，靠兄嫂的养育长大。他15岁考上秀才，1902年考入武昌中学堂。1905年，他以公费赴日留学，在当时加入了同盟会，回到中国后，一度担任清朝的高级军事官员，并在内部进行革命宣传，中华民国成立后进入国民政府体系。

蒋作宾一生为官，担任国内外重要的外交和军事工作。他先后担任国民政府陆军部次长、国民政府的第一任驻德国公使兼驻奥地利全权公使、驻日公使和首任驻日大使、内政部部长，以及安徽省政府主席。蒋作宾在蒋中正身边奔走，为国为民奉献心力。在家庭生活方面，他将心力放在孩子们身上，儿子们个个都会念书。国民党迁移台湾后，四子蒋硕杰更为台湾地区的经济政策费心尽力，终身呼吁迈向自由化、制度化，以建立良好的投资环境。

启蒙教育

蒋硕杰有 7 个兄弟，5 个姐妹[1]。他回忆自己小时候念书时并不是特别聪明，也没什么惊人的成绩可言。蒋硕杰三四岁时在家中接受家庭教师朱子秋的教导，因为和哥哥姐姐们一起念书，自觉“读书困难一点，也难得到夸奖”。但因在家受教育的关系，8 岁（1926 年）时，他插班进入姨母张默君所办的神州女学小学校念书，直接跳读四年级。他说，小时候因为没有特别好好念书，一开始念四年级，成绩“勉勉强强跟着走”。[2]

因北伐战乱的关系，蒋硕杰幼年求学不特别顺遂，8 岁进入学校，到 10 岁时已经换过 3 所学校。对蒋硕杰来说，麻烦的是，因为经常插班就读，刚开始课业跟得很辛苦。他曾去过北京念书，再回到上海，因为受过一年北京的白话文教育，却跟不上上海以文言文为主的教材；上海的学生已经开始学英文，北方却还没开始教。种种课程上的落差和语言上的南北差异，让蒋硕杰的小学可说是几乎都在追进度和适应中度过。

不久，他又转学至南洋中学附属高小二年级，再进入南洋中学。即使他自称“勉勉强强”，实际上已经跟上了其他兄长的进度，高中毕业时还不到 16 岁，且成绩不错。不过，在南洋中学时，因为语言不通，加上伙食太差，身体瘦弱，于是蒋作宾决

[1] 为蒋硕杰的同胞兄弟姐妹。
[2] 陈慈玉，莫寄屏 . 蒋硕杰先生访问纪录 [M]. 台北：远流出版社 . 1995:1—2.

定将孩子们陆续安排到海外念书，哥哥们去美国，蒋硕杰则去日本。当时是 1933 年，蒋硕杰年仅 15 岁。

在南洋中学时，蒋硕杰有了接触经济学的机会。当时学校用美国经济学家所写的书来上课，而且老师是把这本书当成英文课本来教的，蒋硕杰形容，老师是一句一句念，但他在有了初步经济学概念后，反而喜欢起经济学，后来就读庆应大学时也决定读经济学。

1933 年 11 月，蒋硕杰到达日本时，一句日文也不会。他抵达的时间又在年底，当地学校都是春天开学，3 月就要考试，短短几个月内根本学不好，第二年 3 月考第一高等学校，就因为时间仓促没考上。公办学校的入学考试大概差不多时间，不过私立学校的时间会稍晚一些，蒋硕杰不想再等一年准备考试，为了节省时间，他补习了几周日文就去参加考试，顺利地考进私立庆应大学，成为庆应预科（也就是高等学校，要念 3 年）的学生。

庆应预科没有理工科，只有经济学、医学、文学 3 个学部，蒋硕杰对经济学又有兴趣，就继续读经济学。报纸上有关经济的消息，有些专有名词他看不懂，例如当时日本恢复“金解禁”，他完全不懂，后来才知道是日本恢复金本位制度，又可以自由进出口黄金，这种问题在他看来，很奇怪，又很刺激。

蒋硕杰的弟弟蒋硕平说，他们幼时住在上海租界内，在租界内道路整齐、高楼林立，但租界以外，却是煤渣路和矮小破旧的房屋。哥哥蒋硕杰常觉得，要把中国人的生活水平提高，一定要做些对国家、民族有利的事！如果读经济学可以帮助国家富强，改善国计民生，又能对国家大事了解多一点、参与多一点，那么它就是一件既有益又有趣的事情。

蒋硕杰会注意经济问题，也是因为受父亲的影响极深。蒋硕杰的小弟蒋硕平说，父亲经常告诉蒋硕杰，一个人得志时，要有改善整个社会、整个国家的志气；不得志时，也要努力使每一个自己所到过的地方，“比自己未到过以前，略有进步”。蒋作宾就以此勉励儿子们，要有为身边的环境或所在的国家奉献自己的精神。

虽然蒋硕杰自认表现平平，但他其实是家中表现最优秀的孩子。据蒋硕平回忆，在哥哥就读庆应大学期间，身为驻日大使的蒋作宾到庆应大学参观，校长作陪参观校园，并且告诉蒋作宾：“令公子在校各项成绩都极为优异，特别是日文作文，比一般日本大学生还要好，有如此造诣，是否念过很长时间的日文？”蒋作宾极为骄傲地告诉校长，蒋硕杰到了日本才开始念日文，几个月内就开始上学。孩子的表现优秀，做父亲的也欢喜在心。[1]

除了经济学以外，蒋硕杰觉得受用最大的，是在预科时修了一门“逻辑学”。庆应大学的经济学并不是强项，还在摇摆于是否要遵循英美方向，因此经济学本身还没有独立的基础，教得不见得好，反而不是蒋硕杰最喜欢的一门课，于是一有空闲，他就去进修其他课程。他修了一门逻辑学的课，觉得很有意思。这门课只有高中的程度，但教导学生如何判断理论的正确与否，指出不正确理论的错误所在，在辩论时很有用。蒋硕杰认为在这门课

[1] 吴惠林，编．蒋硕杰先生悼念录 [M]. 台北：远流出版社．1995:48.

1940 年摄于英国威尔士（Wales）

上学习到的知识，奠定了他在思维方面不容易犯错误的基础；正确的思考模式和写作，更是日后他据以批评一些经济学大师观点错误的理论基础。1987 年 12 月，蒋硕杰接受吴惠林、马凯两人专访时，也特别强调了逻辑学的重要性。

这门课程对蒋硕杰思考方式的培养起了很大的作用，他后来进入英国伦敦大学政治经济学院（后文简称伦敦政经学院），仅仅在一年级的时候就敢于发表文章批评当时大名鼎鼎的凯恩斯，还没毕业时又批判了在剑桥大学教书 30 多年的老教授庇古。蒋硕杰说，学生通常不敢做这种事，特别是中国学生，他们更怕和老师辩论，但他胆子大，会点出错在何处，什么法则错了。他对此课程充满兴趣，在伦敦政经学院还继续旁听逻辑学课程，他学到用演绎推论和归纳理论等科学方法去阐述理论问题。

在庆应预科念完后，蒋硕杰进入本科（大学部），但 1937 年，“卢沟桥事变”爆发，蒋硕杰不得不结束在日本庆应大学的求学生活，回到中国。其实在日本留学期间，他一直感觉日本国内随时在备战，“九·一八事变”后，日本国内又陆陆续续因为对发动战争与否发生了几起重大事件。

当时的上海还没受到影响，蒋硕杰从上海转往南京时，南京已经开始准备防御轰炸，情势开始动荡，于是再往长江上游逃难。蒋作宾判断，战事会从沿海一路打上内陆，因此决定让蒋硕杰继续出国念书。从内地转往香港，再搭船到英国，足足花了一个月时间。蒋硕杰进入英国伦敦政经学院本科（大学部），继续修习经济学。[1]

蒋硕杰选择去英国的动机很简单，因为他对经济学仍有高度兴趣，而且听说英国伦敦政经学院是研究经济学最好的地方。对他而言，因为自小念书就接触了英文，英美两地都有说英文的语言方便性，但英国是较少人前往的国家，因此选了此处。

这个看似简单的选择，却因为战事影响，反而给了他同时接触英国最顶尖的两所学校（伦敦政经学院、剑桥大学）的机会。当时，第二次世界大战爆发，伦敦政经学院迁到剑桥大学，蒋硕杰和剑桥大学的学生合并上课，而因此可以听到凯恩斯学派学者的重要课程。蒋硕杰接受吴惠林、马凯专访时表示，他从未正式上过凯恩斯的课，因为他当学生时，凯恩斯一直担任公职，但他曾听过一次凯恩斯的

[1] 陈慈玉，莫寄屏．蒋硕杰先生访问纪录 [M]. 台北：远流出版社．1995:17.

公开演讲，即“如何筹措战争经费”。至于凯恩斯的那本大作《通论》，蒋硕杰是在 1940 年大二暑假到威尔士逃避轰炸时看的，起先对书中的新颖看法很感兴趣，而且对凯恩斯也很仰慕。当蒋硕杰再回到学校上课时，又听了许多关于凯恩斯理论的课，因而一度怀疑哈耶克的主张，但在经过深思熟虑之后，反而认为是凯恩斯理论很值得怀疑。[1] 加上受到哈耶克等自由经济学派学者的影响，以及战后经济情势因凯恩斯产生问题，这些激发出蒋先生自己的观点，他也向未来的经济学大师一步步迈进。

1937 年 10 月，蒋硕杰到了英国。此时，开学时间已过，要入学还需要考试，因此蒋硕杰趁这段时间进补习学校准备第二年的考试，隔年春天，他如愿考取伦敦政经学院。在这一年的准备期间，他的英文进步不少，虽然他还是觉得英文不够好，但这对他进入学校念书已经很有帮助了。

在他求学期间，战争持续进行。1941 年，他完成了大学学业，却因战事影响无法回国，蒋硕杰必须先工作筹措资金，次年才又回到伦敦政经学院攻读博士学位，而就在这一年，父亲蒋作宾也因操劳国事，英年早逝。

---

[1] 吴惠林，马凯 . 透视经济大师 [M]. 台北：卓越出版社 . 1987:18—27.

为官清廉的父亲

蒋作宾在日本留学时，加入同盟会，辛亥革命成功后，蒋作宾担任陆军部次长，后又任省主席、驻外公使、大使多年，一生可说都在官场尽力，奔走国事。他是中国老一辈为官者中为国为民的代表。但蒋作宾一生都没怎么为自己的生活考虑过，在担任外交官期间，也常自己掏腰包办活动或是代垫使馆所需的公费或薪水，所以往往只能维持普通生活水平。

他的太太汤润琼后来在江苏省文史馆工作，回忆自己的先生，既不揽权，又不敛财，是公认的“清官”。工资收入，除用于工作、生活外，其余都用来培养子女，为的是能为国家多尽一些力。对出国留学的子女，他要求他们学成后回来为国效劳，他们大多数都这样做了，有的还成为世界知名人士。但10多年后，蒋作宾重病，经济困难，住在重庆乡下陈家桥的一间小屋里，买不到药，营养不够，也不主动去要回债款，直至去世。

有一天吃饭时，有位亲戚来看蒋作宾，见桌上没什么菜，就说：“你做了一辈子官，现在吃得这么差，过得这么苦，为什么不早抓几个钱呢？”他坦然地说：“我不是贪官，干吗要抓钱？”亲戚又说：“哪有像你这样的穷官！”但蒋作宾却说：“穷官好，心中无愧，站得稳，睡得着，对得起国家和民族。”

汤润琼说，1941年时，在瑞士读书的儿子硕治来信说，只剩两周的饭钱。有人建议蒋作宾去找孔祥熙，说通过孔可以用十分之一的钱买到官价外汇。但是蒋作宾不肯去，宁愿儿子挨饿，也不求孔祥熙。后来，一位原驻德国使馆的同事来探望蒋作宾，听到此事，又知道还有许多同事借的钱至今尚未还清，就主动向他们讲了近况，让他们凑钱帮蒋硕治渡过难关。后来，蒋硕治自己打工，完成了学业。

1942 年，在蒋作宾过世后，家计落到汤润琼身上，她不得不去向好友开口求援。蒋作宾好友、军法总监何成濬在《何成濬将军战时日记》中记录了他担任军法总监时的点滴，也包括如何支援蒋家，协助蒋硕杰完成学业的往事。

1943 年 3 月 22 日，蒋夫人汤润琼带着孩子去拜会何成濬。

汤润琼提到，蒋家人漂流外地，物价高昂，加上除了长子、次子外，其他孩子都在念书，她担心未来生计开销，希望能外出工作，贴补家用。她来找何成濬，主要是听说当时的中央赈济会设有几间儿童保育院，希望找到保育院院长之类的职务，希望何成濬为她谋一职位。

对故人之妻，何成濬相当帮忙，他在日记中感叹："雨岩（蒋作宾字）一生谨守先贤训则，不贪意外之财，从政三四十年，迭任重要职务，今骨尚未寒，遗族即感受经济压迫，其清廉殊非现时官吏中所能再见。其夫人抑尊就业，益可发扬其美德，令世人共喻共晓。"[1]

何成濬积极奔走，为蒋作宾的三子蒋硕豪、四子蒋硕杰募集在美国、英国留学的费用，以及老五蒋硕治在瑞士的学费，希望

[1] 何成濬 . 何成濬将军战时日记 [M]. 台北：传记文学出版社 . 1986:235—236.

由教育部部长陈立夫支援，让教育部出资让他们念完书。其中，修习航空机械的蒋硕豪已经毕业，希望深造，所以政府决定让蒋硕豪就近在美国工作，从而补贴其学费，汤润琼担任中央赈济会的技术指导员，也争取到额外的津贴。他希望这些可以让他们一家生活较为好过。[1]

何成濬单单因为很佩服同学教养的孩子个个会念书，慨然请求相助，但冥冥之中，这件好事对台湾地区的经济产生了极大的正面影响。

何成濬为好友奔走，自然也获得了蒋中正的同意。后来形势混乱，国民党败走台湾，台湾经济又因为受到当时财务危机的波及，也出现经济波动、风雨飘摇的状况，获得支助念完书的蒋硕杰正好学成，因缘际会下，成为发表言论、协助政策的重要青年经济学者。

[1] 何成濬 . 何成濬将军战时日记 [M]. 台北：传记文学出版社 . 1986:244.

手足之情

蒋硕杰有 14 个兄弟姐妹，他排行老四，由于父亲续弦再娶，兄弟姐妹间年龄差距颇大。他的弟弟蒋硕忠出生于 1939 年，是老八，蒋硕杰比弟弟蒋硕忠大出了整整 21 岁。因为年龄的差距，加上两岸关系的剧烈变化，一家人少有机会团圆。

蒋硕忠曾担任长江水利科学技术会委员。他在接受媒体访问时说，因为各种条件，他跟蒋硕杰虽为兄弟，但一生只见了三次面。

第一次见面是 1945 年，在蒋硕杰海外学成归来时，蒋硕忠还只是一个 6 岁的娃娃。“那算是我们俩第一次见面。”时隔 60 多年，蒋硕忠对那段时光仍记忆犹新，“他从美国给我带回来了一个西洋镜，我高兴得不得了”。

第二次见面已经是 1983 年，蒋硕杰急于了解家中亲人们的情况，希望能在香港同兄弟姐妹们见一面。在湖北省委统战部的协助下，蒋硕忠到香港见到了哥哥。第三次见面则是在 1989 年，蒋硕杰应邀到香港为官员、学者讲授经济学，蒋硕忠得知消息，会同妹妹赶过去，匆匆见了一面。此后直到蒋硕杰去世，蒋硕忠和几个兄弟姐妹无法赶赴美国，只能发电报表达悲痛。

蒋硕杰年幼就离开家在外求学，对他来说，家庭是培育他的地方，他也心系家人，虽与兄弟间的年龄差距不小，但家庭仍是他的心灵寄托所在。

第二章

求学英国[1]

在积极反对凯恩斯学派前，蒋硕杰自己也承认，他其实也曾与世界上大多数经济学者一样，被凯恩斯的论调深深折服。随着时间的流逝，经过现实的演变，看清凯恩斯学派的问题，加上被滥用后导致更严重的经济问题，以及师从哈耶克，受奥地利学派影响，蒋硕杰从逻辑学的基础出发，以严谨的逻辑思辨方式去判断，最终成为自由经济的终身支持者，更成为反凯恩斯学派最重要的人物之一。

[1] 陈慈玉，莫寄屏．蒋硕杰先生访问纪录 [M]. 台北：远流出版社．1995:17—35.

在英国求学时，蒋硕杰接触到了凯恩斯的支持者，也接受了自由主义的洗礼。对蒋硕杰来说，这段时间是他建立学术基础最重要的时期。在积极反对凯恩斯学派前，蒋硕杰自己也承认，他其实也曾与世界上大多数经济学者一样，被凯恩斯的论调深深折服，但随着时间的流逝，经过现实的演变，他看清了凯恩斯学派的问题，加上被滥用后导致更严重的经济问题，以及师从哈耶克，受奥地利学派影响，蒋硕杰从逻辑学的基础出发，以严谨的逻辑思辨方式去判断，最终成为自由经济的终身支持者，更成为反凯恩斯学派最重要的人物之一。他终其一生都在反对凯恩斯学派，甚至希望能够立法禁止相关的观念继续散布。

受歧视的环境

只身求学异乡，还是在当时自认地位优越的英国，所处环境对他来说并不十分友善。外国人眼中的中国人，属于低劣不佳的民族，这让他始终觉得在外国念书很不痛快。朋友告诉蒋硕杰："你们中国上报，不是内乱就是饥荒，真是丢人。"中国虽然自认是文化泱泱大国，却常因为负面报道受到国际瞩目；即使中国很努力对日抗战，但英国人却认为日本出兵中国不是侵略行为，而是为了繁荣东亚共荣圈，中国人自己不行，需要日本人去统治。

刚进伦敦政经学院时，蒋硕杰修了一门经济学概论的课，任课教师是知名的弗雷德里克（Frederic Benham）教授。老师教得不坏，但对中国人却有偏见，认为中国人似乎很笨。老师上课时更将传言当新闻，引用军阀张作霖的话题，当时传说张作霖为了抑制通货膨胀，把管理财政的官员叫来说："如果下个月物价再涨不停的话，你的脑袋就没有了，下下个月再不停的话，你家人的脑袋也没了。"老师觉得不可思议，"这竟然是中国抑制通货膨胀的办法"。蒋硕杰听在耳里当然不是很受用，但在英国人的地盘，无法反驳，只能保持沉默。

在抑郁的心情下念书，加上英文还不熟练，蒋硕杰自认大学成绩普通，并不出色，但仍以约前十名的成绩毕业。

毕业后，因为战事如火如荼，无法回家，蒋硕杰想要继续念书；但迫于战争阻碍，他必须先在当地找工作。1941 年，在等待返校念书的机会时，蒋硕杰到利物浦的中国领事馆打工，当一名小小的主事，其中几项工作就是为离家在外的船员当翻译，负责为中国船员写文件和解决困难。

打工也能为船员争福利

战争期间从利物浦往远东地区的船，多半雇用来自中国福建沿海的船员，他们如果当上水手长，往往也招呼邻居、朋友都上船来工作。他们中大多数人不识字，说着闽南语，也没有航海经验，一上船可能就晕船，而且由于在战争期间，这些从英国出发的船往往一出海就可能被德国舰队攻击。而这些船的船东是英国的壳牌石油（Shell Oil Company），油船一旦被攻击就会着火，漏油流到海上又会形成一片火海，常见中国船员被烧死或烧成残废。历经劫难的船员都不肯再回到船上，于是就与船公司发生合约纠纷，蒋硕杰得为这些船员写信并与船公司交涉，甚至到医院去看被烧成重伤的船员，听取遗嘱或交代后事，但蒋硕杰听不懂闽南语，沟通不易，觉得实在帮不了船员什么忙，这让他很无奈。

但蒋硕杰还是积极为这些船员争取福利，例如他向船公司争取改善船员宿舍的环境。他去看过船员宿舍，发现船东为了省钱，让房间窗户完全封闭、整天不透光、不通风，空气很糟，蒋硕杰于是说动一名船员，等他写好稿子就由船员拿去登报。果然船公司被谴责，改善了宿舍，并在附近买了个小房子，设立桌球、撞球等设施，还成立了酒吧和船员俱乐部，让他们上岸后有较好的栖身之处及娱乐场所。

此外，蒋硕杰发现英国的年轻人都被叫去当兵，工厂里不但缺劳工，也缺接受过基本科学训练的高级工人，他建议中国政府派遣受过训练的工业人才到英国打工，这既可以纾解英国的“人才荒”，又可以让中国人有机会到国外学习。当时正值战争期间，中国停止举办公费考试让留学生到海外，英国愿意出钱支持这项活动，这反而成为一个出国的通道。也因为这件事，中国又恢复举办公费考试，开放各种渠道，让年轻人有机会到海外去进修。

对“五鬼搬运法”的初次启示

在这期间，对蒋硕杰影响最深的一件事，却是他在协助海员时，体会了“五鬼搬运”的可恶和可恨。他的工作包括协助船员将薪水兑换成在战乱年代比较有优势的货币。当时的船员们根据一些老海员的经验之谈，普遍认为在第一次世界大战时，英镑贬值很多，但中国却因为没有参战，又走银本位制度，加上战后的美国为了纾解经济不景气的状况，大量收购白银，导致白银大涨，所以中国钱大为值钱。

这个经验让老船员有着根深蒂固的观念，认为“欧洲国家的货币靠不住”，要兑换成中国钱才行。在第二次世界大战期间，这种观念也使得其他船员认为中国钱和英镑都会重蹈贬值覆辙。从1935年起，中国发行新的货币“法币”，船员相信法币会像第一次世界大战时的中国货币一样占优势，于是多要求船公司改发中国钱，但船公司只管发英镑，拒绝帮海员换钱。海员转向领事馆求助，希望至少换成中国当时通用的法币。

但第二次世界大战的情况已与第一次世界大战时大不相同。政府发行国家信用法定货币，使货币和贵重金属的波动脱钩，结束了长达近500年的银本位币制。蒋硕杰以他的专业判断，在战争期间，中国法币因过度发行，已经快速贬值，将英镑换成法币一定吃亏，很替海员觉得不值。但海员们坚持要兑换，蒋硕杰只好将这项请求转告给伦敦大使馆，由大使馆委托伦敦中国银行协助海员换钱。中国银行马上派人来专门办理，结果生意大好，中国银行一天中就收兑了一万多英镑的工资，当晚开心地举办庆功宴，但蒋硕杰看在眼里，觉得十分痛心，不忍心吃这顿饭。

不久后，蒋硕杰去探望一位生病的海员，海员以闽南语表达希望蒋硕杰能将他仅有的遗产送回他家里。蒋硕杰感叹："这时你的钱已经不值钱了！"就连英镑贬值也不如法币贬值快，海员们将英镑换成法币是太不上算的做法。

这件事情给了蒋硕杰极大的冲击。他认为，收购这些海员的英镑，兑换为法币是一件极不道德的事情，把值钱的钱换成很快就要贬值的钱，是不道德的行为！他希望未来有机会写文章批评这种偷窃行为，这便是他后来写《五鬼搬运法》一文的动机。

重回校园

蒋硕杰极度不适应工作的状况，1942 年，指导老师哈耶克为他找到奖学金，蒋硕杰辞掉工作，进入伦敦政经学院的研究院，开始研究生的生活。

大二时，蒋硕杰就读完了凯恩斯的《通论》，一度相当认同凯恩斯奉行的低利率、创造需求以刺激经济的学说。但鬼使神差，在等待返回博士班的打工生活中，蒋硕杰目睹货币贬值造成的财产缩水，以及银行利用汇兑获利，却对船员绝口不提贬值危机，这让蒋硕杰大有感触。后来，蒋硕杰师从哈耶克，学习货币和商业周期理论，并在哈耶克的指导下完成了论文。这几年的经历对蒋硕杰的经济学理念的形成产生了很大的影响。

蒋硕杰的博士指导老师是知名的经济学大师哈耶克，他是自由经济的指标性人物，积极反对政府对经济事务的干预。作为奥地利学派的第四代掌门人，他被尊称为“货币主义之父”。简单来说，哈耶克的理念是“不以政府力量增发通货”，这项策略尊重市场机制、民主政治。哈耶克在 1974 年获得诺贝尔经济学奖，就是因为他的自由主义与价格机制理论，广泛影响到政治与法律。哈耶克对社会、经济制度的相互关系进行了分析，认为秩序是自发的而不是人为的。

哈耶克曾经来过台湾三次，他知名的作品《通往奴役之路》（*The Road to Serfdom*）一书，早年由台湾大学哲学系教授殷海光翻译引进，他也将自由经济理念带到了中国。哈耶克的理念和蒋硕杰的经历互相呼应，使蒋硕杰从凯恩斯理论的支持者，转变为支持自由市场。

凯恩斯理论席卷欧美大国，20 世纪 40 年代，凯恩斯学派的缺点却已慢慢浮现，更爆发了哈耶克和凯恩斯的论战，哈耶克推崇凯恩斯的过人智慧，却认为凯恩斯对经济理论没有充分理解。蒋硕杰承袭了哈耶克的理念，加上他亲眼见到船员辛苦工作的钱，在转换后却碰上汇率贬值马上化为乌有的情况，他因此对汇率、利率的变化对经济的影响大有感触。他后来用“五鬼搬运”“金蝉脱壳”形容当局干预利率、印钞票将财富移转给富人的不当行为，正是来自他生命中亲眼所见的悲惨世界。

哈耶克因为和凯恩斯论战、积极强调自由经济主义，自然和凯恩斯信徒难以沟通。哈耶克来台湾时，曾与当时正在负责第四次经济计划设计工作的王作荣谈过，王作荣是主张以凯恩斯学说刺激台湾经济的推手，哈耶克则认为这种计划“毫无意义”，两人见面也就话不投机，王作荣更批评哈耶克太过武断。这已经是凯恩斯学派和自由经济学派的理论对阵，也埋下了后来蒋硕杰和王作荣“蒋王论战”的种子。

重新回到剑桥大学和伦敦政经学院当研究生的蒋硕杰，对自己的表现开始有了信心。他回忆年少时光，坦诚过去其实一直觉得自己的表现不如他人，考试也没有什么特别好的成绩，没有特殊的表现。但在就读研究院后，蒋硕杰的表现突飞猛进，其自信心大大增强。

他观察经济局势的变化，加上哈耶克等学者引导他进入自由经济学派，认识到凯恩斯学说并非经济学界的蜜糖，甚至可能是毒药，也开始对凯恩斯学派提出批驳的意见。他对凯恩斯的第一篇批判文章，就是在这时完成的。

当面批评凯恩斯的人口理论

伦敦政经学院的研究院有两个研讨会，一个由哈耶克主持，蒋硕杰参加的则是另一个由三位凯恩斯学派的年轻教授主持的研讨会，这三位老师分别是尼古拉斯·卡尔多（Nicholas Kaldor）、罗宾逊夫人（Mrs. Robinson）以及意大利人皮埃罗·斯拉法（Piero Sraffa）。开学第一天是分配研究题目，谁都不想当第一个，蒋硕杰偏偏成为第一个报告的学生。

当时，凯恩斯在一本优生学杂志发表过一篇讨论人口增长对经济影响的文章。凯恩斯认为人口增长率和经济繁荣有关，因为英国人口增长很慢，使得人们对住屋的投资减少，而投资不足，导致不景气的状况发生；在人口增长快速的国家，人口增长快对经济有刺激作用，容易使经济繁荣，不容易失业。

凯恩斯的这篇文章被凯恩斯学派学者大为肯定，被认为是了不起的理论，甚至还有学者以此为基础写了《人口渐减之经济学》一书。蒋硕杰被指派报告与评论凯恩斯的这篇文章。年轻气盛的他一看就觉得“不满意”，理由很简单，中国就是现成的例子，中国人口增长快速，但不见得多么繁荣。于是，他将凯恩斯对此理论引述的不合理处批评了一顿。

蒋硕杰心里有数，认为三位老师一定会把他修理一顿，因为“听说这批支持凯恩斯学派的老师对于批评凯恩斯的人都很不客气”。哪知报告当时的状况恰恰相反，三位教授都没有打断他的报告，也没有人提出反对意见，虽然他觉得奇怪，但老师没说话，也就不便多说，这场报告就算平安过关了。

在凯恩斯信徒眼前过关！蒋硕杰对自己的报告有了信心，将报告拿给老师哈耶克，请他提出意见，哈耶克很认同他的观点，又拿给另一位学者惠尔（Barlett Whale）看。哈耶克和惠尔都是伦敦政经学院内部知名经济学术期刊《经济学刊》（*Economica*）的编辑，《人口增长对一般就业水平活动的影响》（The Effect of Population Growth on the General Level of Employment and Activity）这篇文章就在1942年11月登上了《经济学刊》。令蒋硕杰高兴的是，后来他与经济学的大师卡莱斯基（Michal Kalecki）因为讨论其他文章而通信，卡莱斯基还特别认同和赞许他这篇文章，这让蒋硕杰感觉自己颇受肯定。

蒋硕杰虽然沉默不多言，却是经济学上的奇才，刚进学校的第一篇学术论文，就直指经济大师观点的问题，并且获得一流期刊的肯定，大增其提出学术观点和提升批判能力的信心。这篇文章也是他从支持凯恩斯到领悟凯恩斯，乃至逐渐提出自己观点的起点。

兴奋之余，蒋硕杰跑到学校图书馆，把所有《经济学刊》的旧卷都找出来，想看看过去中国人在这本期刊上是否发表过文章，结果发现，在他之前，只有两篇文章，作者分别是耶鲁大学博士陈锦涛和抗战时担任过汪精卫英文秘书的汤良礼。这两人之后，再无中国人的文章，蒋硕杰可称为第三人。

学术成就大受肯定

在研究院生活的第二年，蒋硕杰再出招。这回他评论曾担任自己研讨会指导老师的凯恩斯学派大将卡尔多。卡尔多在 1939 年发表《投机与经济稳定》(Speculation and Economic Stability)，这篇文章对凯恩斯的乘数理论做了新的解释，在当时很出风头，但在蒋硕杰眼里却完全不是那么回事。

卡尔多的论点是，股票的投机行为使得利率无法因储蓄率增加而降低，造成投资和储蓄间的差异，从而连带引发就业问题。但蒋硕杰却认为，同样的观点其实连货币市场也有类似状况，甚至更严重，主要是执政者不愿意让利率自由浮动。当投机者从长期利率下手、买进长期债券后，需要钱时就必须到货币市场借款，如果借不到就提高短期利率，短期货币的紧俏会降低对长期市场的卖压，不会产生通货膨胀。蒋硕杰的论点是，执政者通常不想看到短期利率快速上涨，就释放货币希望稳定利率，结果使得投机者猖狂，反而可以引起通货膨胀。

这种理念在美国 1929 年的股市大崩盘中获得验证。当时美国股票市场活跃，利多的投机者透过上述过程取得资金炒股，导致市场货币供给增加很多，到了货币供给量太大的时候，美联储希望阻止这种状况，又希望迅速回跌，于是撤回货币，结果造成股市大崩盘。蒋硕杰认为，无论是凯恩斯或是卡尔多，都忽视了当政者控制货币供给增减状况，只强调投资者的投机行为，没有弄对问题的本质。

这篇文章在1943年完成，被批评的当事人卡尔多不置可否，也不打算修改，仍然坚持自己的想法。蒋硕杰尝试再次投稿到《经济学刊》，这一次获得了更好的回响。这篇文章不但获得哈耶克的采用及刊登，哈耶克更称赞他对经济学做了重大的贡献，这让蒋硕杰高兴了好一阵子。

除了被大师称赞，让蒋硕杰高兴的原因还在于他发现自己的观点并不孤单。1949年，蒋硕杰所仰慕的罗伯特森（D. H. Robertson）也曾在专书中提及认同他的看法；连当时有名的学者熊彼特（J. A. Schumpeter）也曾开一堂课，专门讨论这篇文章，这让蒋硕杰感到自己颇受肯定。他在阅读了纽约证券交易所和美联储在20世纪20年代的资料后，发现凯恩斯理论对货币与利率的存量理论确实有问题，于是便开始以流量理念研究货币理论。

蒋硕杰的第三炮，重轰了剑桥大学的资深学者庇古。庇古是英国著名的经济学者，当时已经在剑桥大学教书30多年，他师承英国经济学大师马歇尔（A. Marshall，1842—1924），受其影响，从历史转读经济，被视为马歇尔的继承者，也是剑桥学派的主要代表人物，年仅31岁就担任剑桥大学经济学讲座教授，是历来最年轻的讲座教授。他的知名学术代表著作是《福利经济学》（*Welfare Economics*），该书是对西方资产阶级经济学有重大影响的作品之一，它将资产阶级福利经济学系统化，并建立了完整的经济体系，庇古也因此被称为“福利经济学之父”。

在当时还是学生的蒋硕杰眼中，大师是高高在上、不可侵犯的，当时凯恩斯还只是剑桥大学的副教授，庇古便已经是讲座教授了。

但蒋硕杰偏偏看到庇古在《就业与均衡》（*Employment and Equilibrium*）一书中的问题，于是发表了一篇文章对其进行批评，并且在凯恩斯主编的英国皇家学会旗下的《经济期刊》（*Economic Journal*）中刊登出来。

这篇文章让庇古的脸面不好看，庇古写信给蒋硕杰，强调要找有名的数学家看过蒋硕杰使用的复杂数学再讨论，但数学家对此却没有兴趣，两三周后，庇古只好找来另一位统计系学者讨论这篇文章，但这位学者赞同蒋硕杰的意见，于是庇古不得不写一篇文章，再刊登在同样的期刊上，并且在新书第二版中，更正了蒋硕杰所提出的错误。

对还是学生的蒋硕杰来说，这是十分大的荣耀。蒋硕杰发现，《就业与均衡》出版时，不少英美年轻经济学者都撰写书评，也提出过批评与建议，但庇古一条也没接受；第二版时，却因为他的批评，修改了两个章节。蒋硕杰批评庇古的文章，也是《经济期刊》第一次刊登中国人的文章，凯恩斯是当时的主编，还写了亲笔签名信给蒋硕杰。

连续几篇文章被采用，蒋硕杰对于勇于指正所谓“大师观点”也越来越有信心，这也奠定了他不断朝此方向研究理论，发展自己论述的基础。在完成博士论文前，蒋硕杰已经在有名的学术刊物上发表了三篇论文。1945 年，他毕业于伦敦政经学院，

1945 年蒋硕杰毕业时获得的赫其森银牌奖（Hutchinson Silver Medal）

他的博士论文以全校最佳论文获得了当年的“赫其森银牌奖”（Hutchinson Silver Medal）。种种学术上的肯定，也让蒋硕杰更有勇气和能力继续向货币学派寻找真相。

自由经济观点的建立和坚持

在伦敦政经学院取得博士学位后，蒋硕杰确定自己将奉献心力发扬自由经济学说。他的主要言论和主张，简而言之就是强调自由经济、市场经济，从而回归到亚当·斯密的时代。主张政府应当去除管制、推动产业自由化，认为政府的拔苗助长政策，将使得市场萎缩。蒋硕杰认为，凯恩斯的观念带来通货膨胀和经济波动问题，积极反对当政者饮鸩止渴；他也反对政府干预、坚持由市场机制发挥优胜劣汰作用。这看似简单的结论，虽然有政治上和经济上的因素干扰，但为了理想，具备学者背景却入世极深的蒋硕杰却奋斗了一生。

第三章

关心政策的北大学者

蒋硕杰进入北大教书时年仅 28 岁，是北大当时最年轻的经济学教授，一开始就担任研究所的老师。学生们都认为“蒋老师”并不严厉，但是要小心回答问题，要读的书也很多。从现在的标准来看，蒋硕杰的课是杀手等级。但严师出高徒，蒋硕杰的门生后来散布各处，成绩斐然，对于老师严格的督促，他们都深表感谢。

1945年，蒋硕杰通过了指导老师哈耶克和其他老师的论文答辩，获得博士学位（时年27岁）。同时，他还获得了北京大学经济系的聘书，正准备回国。还在英国时，他遇到了正在当地参加会议的北大校长胡适和正好来参加会议的“中国金融巨子”张公权（张嘉璈，曾担任国民政府时代的中国银行总经理、中央银行总裁），蒋硕杰热心地帮胡适在剑桥寻找古籍《水经注》，胡适也对这位年纪很轻却有精彩著作的学者印象深刻。[1]

当年8月，第二次世界大战在日本投降后结束，蒋硕杰也回到中国，当时，张公权已经担任东北行辕经济委员会主任，他邀请蒋硕杰到东北工作，帮助他治理东北经济。蒋硕杰虽然志在学术，但也想去东北看看，便答应了张公权。1946年，蒋硕杰担任东北行辕经济委员会调查处处长，准备在东北待一两年再回北大。[2]

---

[1] 陈慈玉，莫寄屏 . 蒋硕杰先生访问纪录 [M]. 台北：远流出版社 . 1995:35.

[2] 陈慈玉，莫寄屏 . 蒋硕杰先生访问纪录 [M]. 台北：远流出版社 . 1995:39.

张公权有“中国金融巨子”的美誉，号称“中国现代银行之父”。他早年游学日本学习金融，回国后在上海发起组织立宪团体国民协会及民主党，1913 年任参议院秘书长，1917 年任中国银行副总裁，1928 年任中国银行总裁，又先后担任国民政府铁道部部长和交通部部长，他曾赴英国考察经济，1945 年 9 月任东北行辕经济委员会主任。他经营中国银行 20 多年，长期位居中央银行、中国银行、“台湾中央信托局”高位，是当时蒋中正在财政金融上非常倚重的一位人物。

不顺遂的公务员生活

张公权曾在日本念书，也是庆应大学经济学系的学生，并且师从自由学派的老师学习金融知识。但蒋硕杰在这位金融大佬手下做事，却感觉到了物价管制和货币混乱造成的荒谬之处。

当时战争刚结束，国民政府逐渐接管东北地区，但除了整个生产环境受到战争和战后俄国、日本等国家撤退时的破坏外，更糟的是币制混乱。东北地区使用伪满洲国钞票，比通用的华北钞票值钱，且主政者不让老百姓的货币自由兑换，华北、东北等各地的货币竟像不同国家的货币一样。主政者不让汇兑自由化，而由长官来决定，所以对外贸易都要受管制，进出口贸易也受管制。

蒋硕杰觉得奇怪，“货畅其流”为什么总是口号？交通已经不好，管制就让贸易更不流通，而且一打仗，政府还要收取货物通行税，这种厘金的课征，使得各地方的行政管理者更严厉地管制货物出口，因为能够管制出口，就显得自己掌握资源很威风，却没想到如果别人也不让自己出口呢？那么货物交换就没了呀！东北当时就管制煤、铁、大豆的出口，既课征出口税，又有数量管制，要付“运动费”才能获得批准，关内的东西要进口到东北也有同样的麻烦，不但出口地区要课税，连进口地区都要课进口税。

这些做法与他所学的自由经济观点可以说是格格不入。当时已经有不少读经济的留学博士回国服务，但状况毫无改变，就连邀请蒋硕杰到东北的张公权，也在英国考察时见过凯恩斯，结果对凯恩斯“崇拜得五体投地”，连凯恩斯提供的振兴东北的建议其实是受利益团体影响所发表的言论也没有察觉。蒋硕杰极力建议张公权，应该让东北和关内的贸易尽量自由化，但张公权仍要加以管制，加上张公权的部属也多是这类想法，蒋硕杰主张的汇率和贸易自由化在经济委员会里自然是极少数意见。

因为力主自由贸易，蒋硕杰与当局的想法格格不入，虽然蒋硕杰也是当时物资调解委员会的委员，但他很清楚自己没有决策权，待在当地"凿枘不入"，因此，他在不久后就决定回到原本生涯规划的方向，应北大校长胡适的邀请，返回北京教书。

在东北工作期间，蒋硕杰的家庭生活走向了另一阶段，他认识了夫人马熙静，并且结为夫妇。[1]

马熙静出生于1923年，出身名门，有旗人血统，是原籍东北辽阳的满洲镶黄旗人。马熙静的父亲担任黑河的中国银行行长时，因为看准黄金波动的趋势，冒险到俄国去买黄金，赚了不少钱，因而对当时穷困的政府颇有助益，但也因为和政府在拆账时的利益均分出了问题，最后马父选择离开金融业，自己创业，成立了哈尔滨等地的酒精厂和轮船公司。

马熙静在成长过程中经历过"九·一八事变"以及日俄战争的战役，后来父母决定让孩子们就读日本学校，她在日本的东京音乐学校就读，于1944年回到哈尔滨。

马熙静回到东北时，刚好蒋硕杰到东北行辕经济委员会做事，张公权和马父讲起蒋硕杰的情况，于是促成了蒋硕杰和马熙

[1] 陈慈玉，莫寄屏. 蒋硕杰先生访问纪录 [M]. 台北：远流出版社 . 1995:41—44.

1947 年和夫人马熙静在天津码头

静的认识，两人也开始交往。

1947 年年底，蒋、马两人结为夫妻。从北京的北大到台湾的台大，夫妻俩一路同行。随后，蒋硕杰赴美国的国际货币基金组织（IMF）工作，马熙静一同前往，扮演相夫教子的角色。[1]

---

[1] 陈慈玉，莫寄屏．蒋硕杰先生访问纪录 [M]. 台北：远流出版社．1995:17—35.

潜心学术的北大生活

蒋硕杰进入北大教书时年仅28岁，是北大当时最年轻的经济学教授，他在一开始就担任研究所的老师。学生都认为“蒋老师”并不严厉，但是要小心回答他提出的问题，要读的书也很多。以现在的标准来看，蒋硕杰的课是“杀手”等级。但严师出高徒，蒋硕杰的门生后来散布各处，成就斐然，对于老师严格的督促，他们都深表感谢。

已退休的华盛顿大学经济系教授马逢华，是蒋硕杰在北大任教时的研究所学生。他为在联大、北大就读期间的总成绩在班上排前三名而感到自豪，他也修过不少经济学者的课，功底不浅，但却在蒋硕杰的课上觉得自己根底不够。除了试题全用英文、指定教材程度深、内容不易懂以外，蒋硕杰多用英文训练学生，考试也希望学生不是照背答案，而是能够看懂指定的教材，并能用以思考问题。刚开始马逢华也颇感吃力，但等到他后来出国念博士时，看到指定教材中也有蒋硕杰的文章，并且以同样扎实的方式训练时，他一方面觉得熟悉，另一方面又感谢老师先前的严格训练。[1]

刚毅、木讷、寡言是蒋硕杰的朋友与学生对他的评价。由于蒋硕杰不善言辞，加上个性谨慎、精益求精，他不但说话简单，而且还常有跳跃性的思考，往往让初见面或不熟悉他的人感到摸不着

[1] 吴惠林，编．蒋硕杰先生悼念录[M]．台北：远流出版社．1995:119—121.

头脑。台湾“中华经济研究院”研究员吴惠林说，他跟着蒋硕杰多年，常常问老师一个问题，老师等很久才回答他，答案听起来还往往“答非所问”，但仔细一想，却已经是这题目发展了好几层的结果，在蒋硕杰回答时，早已经连续解答出好几个步骤，给了一个最后思考的结果，这种冷静的头脑是他的最大特色。

蒋硕杰的个性是极度理性的，一旦投入就会全身心投入，他交往的朋友看似不多，但都是长年的好友，常有不打不相识的状况。他和已故的经济学者刘大中，就在这样的状况下成为相交一生的朋友。

1947 年，刘大中与蒋硕杰一起回到北京，分别担任清华大学和北京大学的老师。蒋硕杰回忆，他早在 1941 年于英国念书的时候，就已经发现期刊中有一篇署名为“Ta-Chung Liu”的文章，该文立论清晰、改革方案明确，蒋硕杰看了十分佩服，还和当时在剑桥一起念书的学者讨论。当时，一位学者滕茂桐便说，他有一位同学刘大中“异常聪明，在中学时喜欢唱戏而不甚用功读书，可是总是名列前茅”，后来刘大中去康奈尔念土木，又转而改读经济系，“想必是他”，滕茂桐形容的这位学者感觉有才华且头脑聪明，这给蒋硕杰留下了深刻印象。

到了北京后，蒋硕杰听说清华大学新聘了一位刘大中教授，他“极想一见”，但当时因为美国当地工会罢工，船期延误，刘大中晚了大半年才回到清华大学。有一天，刘大中竟然自己跑到北大红楼去找蒋硕杰，两人一见面便聊得非常投机，彼此相见恨晚。

这两人初见面，对时事也有热忱，讲起当时的中央银行总裁张公权（也就是曾邀请蒋硕杰到东北行辕工作的东北经济委员会主任），两人决定写封信去道贺，这时，刘大中开了个玩笑，他坚持让蒋硕杰起草。蒋硕杰以为他是因为过去就读教会学校，不习惯中文写作，所以也就动笔起草；没想到刘大中又以字写得不好，请蒋硕杰重新缮写后，再一起联名寄出。

蒋硕杰刚开始时想，刘大中的国学根底“看来也不太高明”，但很快就发现这想法大错，刘大中出身书香世家，深受庭训，又曾在驻外公务机关工作，公文写作也是非常简练。原来不但蒋硕杰在衡量刘大中，刘大中更干脆小小地考了一把蒋硕杰的中文造诣。[1]

两人年轻气盛，因这个小玩笑成为好友，蒋硕杰敏于思考且善于推论分析，刘大中有深厚的学术根底，个性活泼，对外讲话辩才无碍，后来两人以这样的合作方式，在 30 多年里，一起写出多篇文章、报告和建议书。他们后来先后在 IMF 共事，又同在康奈尔大学任教，两人和其他“台湾中央研究院”经济院士提出著名的梨山会报，一同打下台湾经济发展的基础；也曾为了税制发展，互相据理力争，蒋硕杰甚至还斥责了刘大中对税制的误解。但两人惺惺相惜，刘大中英年早逝，让蒋硕杰内心悲痛与怀念了很久。

---

[1] 吴惠林，编．蒋硕杰先生悼念录 [M]. 台北：远流出版社．1995:191—192.

批金圆券政策，与蒋中正结缘

细数各大经济学者，蒋硕杰对台湾早期经济发展的影响力可说既深且远。对于蒋硕杰受礼遇，许多人认为是在 1966 年的经济发展会议以及会后的梨山会面，蒋中正见了台湾财经六院士之后的结果，但其实这两位早在 1948 年就已结缘。

蒋硕杰和刘大中两人常在当时由北大和清华一起举办的联合研讨会中讨论经济现况和政策，彼此交换意见。不久后，资源委员会的副主任委员钱昌照愿意出资办一本独立杂志，邀请刘大中担任主编，刊物命名为“新路”，即希望开出一条新出路。

刘大中对此杂志极为重视，力求以公正角度评论时事，并以提出有建设性的方案为目标，《新路》也成为当时学界的教授们讨论时事、发表意见的“论坛”。蒋硕杰有机会与好友畅谈国事，虽然外界战事频仍，但那段时间仍是蒋、刘两人生活中美好的时光。

1948 年，政府决心大改币制，将贬值到底的法币废除，改发金圆券。金圆券在发行初期颇受好评，但后来却因为强迫民众以黄金、白银与外币兑换金圆券，导致金圆券大量出笼、物价高涨，政府在此时却试图以管制物价来压制通货膨胀。蒋硕杰观察当时的状况，大都市管制严重，小乡镇却我行我素，结果乡镇粮食根本不往都市送，北京的小民要买一日口粮，竟然要在天未亮时就到粮食店排队，还未必买得着。

蒋硕杰看着这样的现象，在《新路》杂志写了一篇文章《金圆券的善后》，评论当时国民党发行金圆券引发的经济问题，认为它导致了经济崩坏，并且提出建议，也就是推行提高利率的政策。他的论点是，较高的存款利息才能吸收社会的资金储蓄，以确保储蓄不致流入金融黑市，才能贷款给工商业者扩展生产，增加货物供给，降低通货膨胀，也就是主张正的实质利率，而非负的实质利率。

这篇文章颇受北大校长胡适的重视，胡适于是找蒋硕杰、刘大中两人去面见当时的行政院院长翁咏霓，讨论金圆券的未来发展。

不过，翁咏霓的态度让蒋硕杰灰心。他形容“翁先生那时精神显得很颓丧”，胡适指出，金圆券的崩溃对人民生活造成重大影响，对华北民心影响更甚。他积极劝翁咏霓拿出办法，并表示特地带蒋硕杰和刘大中两人来一起想办法。没想到翁咏霓对他（胡适）的建议一概漫不经心地应以“好！好！”。最后突然很沉重地将上身往沙发椅背上一靠，长叹一口气，说道：“想不到这副烂担子会落在我翁某人肩膀上。”

翁咏霓的态度和神情让蒋硕杰印象深刻，胡适是一个不在其位的人，他尚且积极热心，一个身居高位的人却消极颓丧。也因为这样的态度，蒋、刘两人便提不起劲。

没想到一两天后，两人突然接到蒋中正的请帖，蒋中正约他们两位在后圆恩寺胡同的住所一块吃晚餐，原来他本就计划设宴招待北京教育界的领袖，胡适趁机推荐了两人。晚宴中，胡适向蒋中正陈述经济问题对民心的重要性，推荐当时清华大学教授吴景超与蒋硕杰、刘大中三人一起跟着翁咏霓到南京去研究讨论稳定金圆券的方案。

不过，因为对翁咏霓的印象不佳，吴景超不想去南京，刘大中也宣布退出，蒋硕杰评估状况，认为以他们见面时的状况，翁咏霓也不想接受他们去当顾问，如果贸然前去，恐怕自讨没趣，因此也就干脆不前往。但这也正是蒋硕杰与刘大中两人与蒋中正的首次见面。[1]

在金圆券发行的初期，政府以行政手段强迫民间用黄金、白银和外币兑换金圆券。由于没有严守发行限额，于是爆发了恶性通货膨胀，让民间经济陷入混乱。中产阶级损失巨大，让国民党失去民心。虽然蒋硕杰对当时货币政策提出了建议，但金圆券的崩溃，已经无法再让国民党试行蒋硕杰的办法，国民党在军事上节节失利，金圆券风暴更让国民党迅速垮台，可以说，滥发货币是造成国民党迅速崩溃的原因之一。

[1] 吴惠林，编 . 蒋硕杰先生悼念录 [M]. 台北：远流出版社 . 1995:193—196.

论发展中国家的产业发展

蒋硕杰在北大教书两年后，北大为庆祝建校 50 周年，计划出版纪念论文集，蒋硕杰也受邀发表文章。在北大的两年间，蒋硕杰积极讨论物价指数、储蓄和证券的问题，他将重心放在利率与阻止通货膨胀的关系上，偏向实务。受到邀请后，蒋硕杰决定写一篇讨论理论的文章，以他所学的奥地利学派为主的资本理论，来谈发展中国家的问题，蒋硕杰开始注重将时间作为资本结构的考量项目。

蒋硕杰师从哈耶克，受奥地利学派的影响极深，将毕生的精力都放在货币理论上，他自认影响他最深的学者，指导老师哈耶克并非第一，而是 20 世纪 30 年代时主张可贷资金理论（loanable funds theory of interest）的剑桥学派学者罗伯特森。罗伯特森的论点是，利率不是由储蓄与投资决定的，而是由可贷资金的供给与需求的均衡点决定。可贷资金理论试图把货币因素和实质因素结合，以将古典学派的储蓄投资理论和凯恩斯流动性偏好利率理论做一个结合。

奥地利学派的资本理论注重投资计划中存在的时间面向（time dimension），时间面向存在于资本财或是资本结构中。如企业进行新产品的研究、未来需求的预估、投资计划、新市场的开发等，这些活动都属于计划性投资，计划性投资所需的支出则是估计交易性货币需求的关键。为了支持厂商从生产投资到商品交货销售前的运营，投资者需要一笔资金，这就是对储备货币的需求，任何交易社会的货币需求，几乎都与投资计划相关，有了投资计划才有对货币的需求。

不过，对于当时一窝蜂崇拜凯恩斯学派、认为其是刺激经济的万灵丹的学者来说，时间面向根本不在考量范围之内，但蒋硕杰却看到了时间在货币理论中扮演的角色。他说：

> 现在奥地利学派的资本理论不流行了，这个学派是用时间面向来代替资本的数量，这是奥地利学派的说法，很多人说不可能，像奈特（Frank Knight）就说不可能，卡尔多（Kaldor）也跟着说不可能。可是资本里面有时间，不管量得准不准，好像都有时间面向这样一个东西在那儿。

蒋硕杰的概念是，投资都有时间的考量，有的投资很快有结果，有的则要很多年才能看到结果，这就是时间面向的差别，这与一般的投资理论都有关系。蒋硕杰认为，凯恩斯只注意所有的投资造成的乘数效应（multiplier effect），支持收入的数倍增长；但奥地利学派则注意到，因为时间的不同，同样数量的一批投资，能够支持的增长情况就有所不同。假使有两种投资：一种是时间很短的投资，比如对流动资本的投资，机器是现成的，只要投资原料和劳动，加工后就有产品出来，投资少，但产出多而快速；另一种是必须先买机器或工具再买原料的投资，所需的资金大，产出少且周期长。这两种投资对收入产生影响所需的时间大不相同。蒋硕杰并未指明“用时间替代资本的数量”，但他认为在资本结构中，货币会受时间的影响，这个概念也在他后来提倡货币需求和将货币作为流量的理论中时时显现。[1]

蒋硕杰以此为基础推导出当时“重重轻轻”（强调重工业、轻视轻工业）的观念有误，建议先投资轻工业，或进一步说，是投资最适合自己国家生产的产品，不分重工业或轻工业。当时经济落后的国家盛行命令式的计划经济，主张先发展重工业，等重工业有了成果后再发展轻工业。蒋硕杰认为，轻工业可以很快取得回报，增加收入，从而扩张有效需求，这样，资金增加后，会提高储蓄，未来资金会转向更高级的工业发展，重工业也会逐步发展起来。

蒋硕杰全力研究利率和货币稳定的观念，不断发表有关利率与通货膨胀的问题，他在年仅 29 岁时，就与马寅初等几位经济学大佬一起被北京大学经济系教授和法学院院长周炳琳提名为当时“中央研究院”院士候选人，由于他太年轻，因此没有被选中。隔了 10 年，院长胡适亲自提名他为“台湾中央研究院”经济学院士候选人，那一年他如愿获选，不但成为“台湾中央研究院”第一位经济学院士，也是人文组中最年轻的一位院士，当时年仅 40 岁。

[1] 陈慈玉，莫寄屏 . 蒋硕杰先生访问纪录 [M]. 台北：远流出版社 .1995:52.

短暂的台大教书时光

在北大的教书岁月，蒋硕杰可以潜心学术，也有好友刘大中相伴，但战火延烧，他后来与妻子到达台湾，也在胡适的安排下进入台湾大学教书。

蒋硕杰在台大仅停留半年的时间，过得也并不十分愉快。当时物资匮乏，建设落后（台大连教授的研究室都没有），他觉得自己根本无法安心研究。另外，也因为他在北大时期的文章都积极提倡以较高利率抑制通货膨胀，反对政府补贴和价格干预，因而被当时的舆论批评得很惨，认为他与好友刘大中都是鼓励高利率阻止工商发展、以高物价让民众过苦日子的“国外派”。

蒋硕杰挺身为政策辩护，他认为大家断章取义，将他以相对调高利率鼓励吸收存款、降低通货膨胀的做法解释为一味鼓励高利率，并且他也不认为自己的建议会使物价飙高。他曾感叹：“有些经济学家，我真的见了就头痛！”[1]

当好友刘大中到IMF任职后，他建议蒋硕杰也申请。当时饱受台湾学界批评的蒋硕杰决定提出申请，没想到很快就获得批准。因此在台大教书半年后，蒋硕杰就放下台大教职，启程到IMF工作。

[1] 陈慈玉，莫寄屏．蒋硕杰先生访问纪录[M]. 台北：远流出版社 .1995:55—56.

自由主义在经济制度上的应用

在博士毕业后的10年内，蒋硕杰先在东北工作，再转赴北大和台大教书，由于看见过金融政策对物价的影响，因此他一直反对政府把持所有经济命脉，也不认同政府对私人企业下太多指导棋。

1948年，他在《新路》杂志发表文章讨论“经济制度之选择”时，曾稍微引用凯恩斯的逻辑来修正经济环境的问题。他在文章中提道：

> 最理想的自由企业在提高生产上也可能有一严重的缺陷，即自由价格机构可能无力使社会的储蓄倾向与投资保持一种必需的关系，以不断地产出足够的有效需要来维持各种生产因素的充分利用。因此，常易发生失业现象……只要政府能随时以不与私人企业冲突的公共投资来弥补私人投资的不足，自由主义社会中的失业就不是无法消弭的。
>
> ……我们应该探讨的，是如何使社会主义兼而有理想中的自由主义的优点……其实集体计划经济并非社会主义必要的附随条件……社会主义的经济，尽可采用一种分权的经济制度，而使之兼有完全竞争的自由主义之长处。

蒋硕杰并非没有注意到自由经济的某些缺失，也就是标榜自由竞争、自由企业的社会可能因为生产偏向某一角度，这种偏斜反而造成失业问题，但他也提出，政府可以利用公共投资消弭自由主义社会中的失业问题。他反对集体式社会主义，认为：

在全面的管理下，因为生产事业尽属国营，全国的就业人口都是政府的公务员或雇员，这将导致有野心的政府利用人事权控制全国人事，在集体的计划经济下，一切商品的生产和分配以及生产因素的配置，无不在政府统治下，庞大的权力将可能被滥用。

他认为，英美两国的民主气息浓厚，是因为在自由企业经济之下，人民在政府之外也有其他机会获取荣誉和地位，为了保障民主政治的延续，应该保存相当部分的私人企业。[1]

他认为，主张将私人企业社会化的主要理由，是有些大规模的生产技术可能使完全竞争不一定在工业中都能实现，因此社会化的目标，应该限于市场环境及生产技术必然造成寡占或独占的形式的工业。至于生产规模较小、互相竞争的生产单位较多的工业，则该尽量维护完全竞争的环境，继续使之由私人经营。

对这些自由竞争的私营工业，蒋硕杰建议，由生产工具的私有所产生的不劳而获的分配或收入不均，可用所得税及遗产税等加以削减，不必将生产一概收归国有。这种“容许自由竞争的私人企业，与遵照完全竞争的生产原则的国营企业并存的经济制度”（因为当时还处于动荡不安的阶段，蒋硕杰认为可以一边经

---

[1] 吴惠林，编．蒋硕杰先生悼念录 [M]. 台北：远流出版社．1995:203—224.

营国营企业，一边再适度地逐步开放私人企业），是可以兼顾经济福利和政治安全两方面的最合理的经济制度。有学者认为，这代表蒋硕杰一开始在支持自由主义的道路时仍有所疑虑，但实际上，以当时政治不安与经济动荡的情况来看，距离完全自由化的条件本来就有差距，安定角色的扮演是有必要的。

蒋硕杰转赴IMF工作后，仍不断探讨公共政策与市场竞争的关系。1958年，台湾当局开始了第一阶段的经济自由化，第一波的外汇贸易改革就是蒋硕杰努力的成果，是经济自由化的重大指标。他通过和官员合作，不断将自由经济的观念缓慢呈现在各项政策中，让台湾逐步走向自由发展的方向（虽然第一阶段的改革仅是局部）。

第四章

10 年国际货币基金组织岁月

1954 年，尹仲容亲自写信向 IMF“借将”，请 IMF 同意让蒋硕杰和刘大中回中国台湾，就经济政策提出建议。通过蒋硕杰和刘大中的建议，尹仲容主导了台湾经济的第一次经济自由化运动。

1949年，蒋硕杰从台大转赴IMF工作。在IMF工作的10年期间，他参与了台湾地区最重要的经济发展阶段，从实务中，他积极以自由主义的观点推动汇率、利率自由化，增加储蓄，让市场引进正常的资金，希望逐步开放市场各项管制，使其能进入国际市场。

刘大中与蒋硕杰到了IMF，原本就只打算做个学者，专心研究、写作，但以蒋硕杰的能力，仍然不能自外于实事。1954年，他应尹仲容的邀请，和好友刘大中一起返回台湾，提出了单一汇率、外汇券、利率自由化等建议，这些建议都先后被采纳。台湾终于在1958年实行了汇率自由化，从而走出了经济增长的一大步。

蒋硕杰参与经济大事的开始，是与当时尹仲容的一场会面，以及一本书所引发的后续效应。其实，当年号称“台湾经济总设计师”的尹仲容和全球知名的华人经济学家蒋硕杰面谈，双方一开始不欢而散，但谁都没料到后续产生的效应竟会如此巨大。

蒋硕杰一直遵从自由经济的理念，反对各种经济管制以及人为干预市场，对他而言，管制或是干预都代表着扭曲市场机制。

他同时具备日本、英国、美国的教育底蕴，各个学派在他身上融合，让他视野宽广，有自己的一套学术理念。

1949 年，国民党迁往台湾。那时，第二次世界大战刚刚结束，台湾之前以农业为主，主要生产甘蔗、香蕉等经济作物，加工工业是针对这些经济农产品进行再生产，简单的工业则是为了支援日本军队的需求。简而言之，台湾的经济命脉全靠少数经济作物，它多年来欠缺经济规划与策略，并不富裕。

台湾刚度过多年战火，又因金圆券引起严重的通货膨胀，让民众生计雪上加霜。为了稳定货币，台湾当局再度推动台币改革，把贬值的旧台币更换成新台币，同时配合美援进行恢复工作，实行土地改革，推动三七五减租，让耕者有其田，让农民买地，地主有了资金和股票，则升级转型为工商业者。一连串的经济改革、土地改革让经济情势有了转机。

20 世纪 50 年代，台湾经济稳定，尹仲容的地位也随之凸显。

尹仲容曾主掌“台湾中央信托局”，后来掌管台湾美援运用委员会，那里有当时最重要的一笔经费。1951 起，美国政府恢复供应台湾地区每年 1 亿美元的援助，这笔钱成了支援台湾经济增长的最实质帮助，尹仲容就参与了这笔资金的规划运用。1958 年，台湾美援运用委员会成立，尹仲容担任副主任委员，对经济发展更有直接的影响力。

当时的台湾采用金融管制方式严格控管利率和汇率，岛内的经济以农业和轻工业为主，转型困难。尹仲容是一个技术官僚，理所当然认为在蕞尔小岛，计划经济简单易行，由当局出面管理一切事物即可。蒋硕杰采取相反的立场，并完全改变了他的观念。

不欢而散的初相见

蒋硕杰在IMF工作时，待遇较为优渥，每三年可以休假一次，并且由IMF提供旅费来回美国与中国台湾，1952年，蒋硕杰返台休假，由当时驻美技术团副主任李干（曾任台湾地区货币政策主管机关副负责人）介绍，前去拜会“台湾中央信托局”局长尹仲容，但两人沟通不畅，因而，这场会面并不愉快。

尹仲容当时还兼任台湾生产委员会的副主任委员，集各方资源于一身，后来被称为“台湾科技教父”的李国鼎当时还是他的下属。尹仲容学电机出身，毕业于交通大学电气机械系，并被保送至当时的交通部电政司（改制后成为邮电司），属于重点培植的精英。后来，他在中国建设银行任职，参与国内重要的水电投资开发业务；抗战期间，他负责对美销售中国矿产，并采购重要工业设备回国，也帮当时权倾一时的宋子文做过事，历任要职。

1949年，尹仲容除主掌“台湾中央信托局”业务外，还兼任台湾生产委员会副主委，负责产业复兴与对外采购。他曾参与将上海资金调度至台湾的计划，负责上海、台湾之间的联系业务。之后，尹仲容和李国鼎、严家淦、孙运璇等人成为掌管金融与外贸的主要官员。

尹仲容阅历丰富，经验过人，认为计划经济理所当然，不认为有需要特别注意的问题，在这种情况下见到“自由经济学者”蒋硕杰，两人自然话不投机。

蒋硕杰回忆，他拿着李干写的介绍信去拜会尹仲容，但双方谈得不是很愉快。他后来形容这场会面："起初他（尹仲容）好像对经济学不是很重视，所以我跟他就没有什么东西谈得拢。"蒋硕杰个性强且有学者自信，尹仲容是党政精英，双方难起共鸣，蒋硕杰更将尹仲容定位成技术官僚，觉得"没什么好谈的"。

离开时，蒋硕杰将自己带去的一本由美国经济学家米德（J. E. Meade）执笔的《计划与价格机制》送给尹仲容。他特别对尹仲容说：

> 米德这个人可不能等闲看待，以为他只是个书呆子，只是个大学里的 arm-chair economist（意指光会空想的经济学家）。第二次世界大战期间，英国全国的经济政策都由战时内阁制定，他身为内阁的经济处副处长，战后升为正处长，管的事情很多，经验很丰富，看这本书，你可以得到他真正的经验之谈。[1]

米德是自由经济的倡导者之一，在该书序言中，米德就强调，希望这本书可以推动自由社会主义的"中间路线"，并阐明他如何看待计划经济。蒋硕杰推荐这本书，希望尹仲容注意价格机制对于市场自由调节的重要性，进而明白不需要计划者过度干预。

尹仲容的优点正在于此，只要真的能够对发展有好处，他不会因人废事。在《尹仲容年谱》中，曾有一个故事。尹仲容登

---

[1] 陈慈玉，莫寄屏 . 蒋硕杰先生访问纪录 [M]. 台北：远流出版社 .1995:79—80.

报征求各方建议，此时有个商人，因为常常参与“台湾中央信托局”标案，因此写信给尹仲容，表达自己的看法，尹仲容便请他到“台湾中央信托局”一谈。对方发现尹仲容也是湖南人，便很高兴地用了湖南乡音讲话，不料尹仲容脸色严肃，强调：“我为官多年，不讲同乡关系的。”

对方觉得颇受委屈，立刻大声反驳：“若不是你登报求贤，我才不来哩！”

尹仲容知道自己态度不对，立刻诚恳听取对方的意见，后来还请对方将意见交给其他主管做参考，可见他对建议的态度是开放的。有人说尹仲容学的是电机，但成名于财经，不是本行出身而能干得比本行好，是一个奇迹。这其中的原因就是他“敏而好学”，肯读书求知，对财政、经济、货币、金融、外汇、工商等问题都肯深入研究。在接受美援的 15 年建设过程中，台湾地区蓬勃兴起了各种工商业，在东亚位居第二，民营事业更追过了国营事业，受到世界的尊重，在这其中，尹仲容是一个负责主持的重要人物。[1]

[1] 沈云龙，编．尹仲容年谱初稿 [M]. 台北：传记文学出版社 .1992:123.

尹仲容推动的经济自由化运动

尹仲容和蒋硕杰当时不欢而散，但他在两周内读完蒋硕杰的赠书并能吸收领会，抓住价格机制的重点，更将书转给当时他所在的台湾工业委员会各处主管参考，其积极的态度让蒋硕杰印象深刻。1954年，尹仲容亲自写信向IMF“借将”，请IMF同意让蒋硕杰和刘大中回中国台湾，就经济政策提出建议。通过蒋硕杰和刘大中的建议，尹仲容主导了台湾的第一次经济自由化运动。

尹仲容深切理解价格机制将决定生产资源的配置，以及让市场自由优胜劣汰才能发挥产业的生产效率和竞争力。早年，台湾的轻工业常被称为“摇头工业”，这说明工业产品的质量很差，“该摇头的（如电风扇）不会摇头，而不该摇头的（如电灯泡）却摇头”，电灯泡可能一两周后就不亮了，想要换电灯泡时却一碰又亮了，轻轻旋转底下的铜座以为是接触不良，结果上面的玻璃罩也掉下来了。大家看到这样的质量，也不得不摇头叹气。

尹仲容为了提高灯泡质量，规定品质不良的“摇头”电灯泡或劣质电灯泡一律没收，结果没收了21 000多个“摇头”电灯泡，集中销毁，这大大激发了商家的怒火，但尹仲容依然照做。

为了维持产业生存，当局不降关税，不愿全面开放电灯泡进口产业，对于本地业者的设厂却不加以限制，这导致市场上电器商联合垄断，充满让消费者叹气的“摇头”电灯泡，这种保护产业的“看不见的手”，导致劣质产品充斥市面，如今由尹仲容这双“看得见的手”加以销毁——他写报告向上级特地说明此事，业者知道没了保障，不得不加以改进。也因为必须重新制作质量较好的灯泡，业者必须向玻璃业者订购原料，这也使得玻璃产业通过此事，逐步发展起来。

在产业发展上，台湾当局选择了一条不同于全球惯性模式的路线。经过多年战事，台湾经济不振。国民党到台后，力图振衰起敝，此时开始有不同的声音。一派是传统路线，许多工程师都认为，战后的建设要从重工业开始，因为重工业是工业的根本，从做重工业开始，未来工业一定会茁壮成长。

这种说法当时最有力的支持者之一，就是印度一位名叫马哈拉诺比斯（P. C. Mahalanobis）的计划经济学家，他认为重工业就好比生产机器的工业，只要这种工业先发展，就可以生产许多新机器，不断生产，工业增长速度自然是飞速的；反之，如果发展轻工业（也就是消费品工业），虽然人民的生活消费可以快速提高，但新机器的生产量没有快速增加，未来的增长也就比选择重工业来得慢。这就是所谓的“重重轻轻”概念，也就是重视发展重工业，轻视发展轻工业。

不同的道路：重轻轻重

对于这种说法，蒋硕杰深表反对。早在任教于北京大学时，蒋硕杰便开始探讨发展中国家的产业发展问题。他认为这套说法忽视了一个事实：战后世界已经是一个自由贸易的世界，无论是轻工业还是重工业，所生产的产品都可以在世界市场上经过贸易交换，成为各国民众所需要的商品，因此各国只需要生产自己最适合的产品，不需要特别在意商品属于重工业还是轻工业。

蒋硕杰主张采用“重轻轻重”的经济发展模式，反对过去“重重轻轻”的经济发展策略，不走计划经济路线，即强调以重工业带动其他产业的政策，而实行以轻工业为基础，配合推动贸易自由化、鼓励出口、推进工业合理分工的政策。他觉得，经济落后应该“先办轻工业、再办重工业”。轻工业可以很快地取得回报，提高收入，从而增加有效需求。再配合正确的储蓄政策和利率政策，人民的储蓄也会和有效需求同步增长。等储蓄提高、投资资金来源稳定之后，新的投资自然会选择资本密集度较高的产业。如此循环下去，重工业也会逐步发展起来。[1]

巧合的是，尹仲容也强调重视民生工业（轻工业）的发展。他认为，在落后时，经济发展的过程如果特别偏重重工业，往往会引发经济的不平衡与脱节、通货膨胀、人民生活水平降低等紊乱现象，即使成功了也是得不偿失。这种观点与蒋硕杰主张的重

---

[1] 沈云龙，编．尹仲容年谱初稿 [M]．台北：传记文学出版社．1992:53—54.

轻轻重，恰好对应。

1953年，尹仲容改任台湾经济安定委员会的工业委员会召集人，即运用美援资源，发展化工、食品、交通、电信以及一般工业。之后先后出任财政事务主管部门负责人的李国鼎与费骅，此时都在此服务，台湾经济安定委员会拟出第一期“四年经济建设”计划，据此向美方申请援助，并且协助企业申请融资贷款。

次年，尹仲容受台湾地区副领导人陈诚赏识，被任命为“台湾中央信托局”局长兼经济事务主管部门负责人，他规划执行进口替代与出口导向政策，改革外汇贸易。在进口替代信念下，他提出“进口布不如进口纱，进口纱不如进口棉”的主张，将从日本进口布料改为进口棉花，扶植纺织业的发展，台湾许多知名纺织企业就是从此时开始站稳发展的脚步的。另外，在外汇贸易措施上，他放宽外汇管制、鼓励出口，从而迅速推动了塑胶、玻璃工业的成长。另外，他也配合“耕者有其田”落实自由经济，将原本国营的水泥、造纸、农林、工矿四大产业转由台泥、台纸等民间企业经营，以提升经营效率。

当台湾工业委员会向美方申请聚氯乙烯塑胶（Polyvinyl Chloride, PVC）计划时，尹仲容更主张不由当局主导，而交由民间企业经营。尹仲容透过台湾银行的放贷纪录，发现王永庆是当时的存款大户，他鼓励王永庆投资产业，从而成就了台湾塑胶公司的发端，这也成为台湾石化业的开始。历经数十年的发展，台塑从全世界最小的聚氯乙烯公司跃升为世界龙头。由美援贷款支持的企业大都相当成功，这不仅奠定了民间经济的基础，更提升了民众的生活水平。

多年后重新检视蒋硕杰的主张，2012 年还担任台湾经建会副主委的单骥依旧支持“蒋老师”的看法。单骥说，蒋硕杰的主张其实非常简单，就是不要违背经济学的比较优势原则，不要制定太扭曲的经济政策。那时，台湾有的是人力资源，善用人力资源也是一个好方法。单骥说，在产业走向转型后，蒋硕杰也赞成发展科技产业，但他不赞成把经济和重工业画上等号，因为这种发展太过简单了。如果当初产业兴起时，台湾马上走科技业，台湾众多劳动人力的就业就会落空。

与中国台湾同为“亚洲四小龙”之一的韩国，是很明显的对照。单骥指出，韩国就以重工业为主，以国家资源为后盾，所有的资源都集中在大财团；但中国台湾却以轻工业为主，培养出众多中小企业。后来的很多科技业都是从小厂商成长起来的，宏碁也起于一个小公司，除了少数如当局鼓励的集成电路、晶圆厂外。20 世纪 80 年代，个人计算机开始发展，台湾的中小企业刚好赶上了这阵热潮，人力和产业技术都自然升级了。

它们各有各的发展模式，单骥说：

我可以很自信地说，中国台湾的经验是世界其他发展中的国家和地区可以学习的，但要学习韩国，可能 99% 会失败。因为把大部分资源放在一两家企业上，如果它们倒了，经济也就倒了。台湾经验可复制、可参考、可实用，“重轻轻重”并无不当。

20 世纪 60 年代以后，台湾当局很快扩大经济规模和市场，大力支持民营企业，将稳定低价的原料或中间材料给予民间企业，使中小企业得以发展。20世纪70年代末期，民营企业创造的附加价值已经远大于非民营企业，整个局面得到扭转，但非民营企业的规模也并没有缩小，而是以更大的速度快速扩张。

蒋硕杰送的一本书让尹仲容换了“头脑”，曾经是一个标准技术官僚的尹仲容原本认为有主导的经济产业才会有效率、有成果，在蒋硕杰适时的建议及那本书的影响下，他让台湾的经济自由化免于无限期延后的噩梦。在台湾过去40多年的经济发展过程中，这段时期是一个重大的转折点，由管制慢慢走向开放，虽然仍有经济管制措施，但也积极鼓励民间企业发展，市场价格机制一直都能发挥相当的作用。

汇率自由化

1954—1960年，台湾当局先放弃压低利率政策，让利率自然提高以对抗通货膨胀，并在1960年前后，希望民众节约消费、增加储蓄，以扩大投资财源。同时，台湾当局开始积极废除复式汇率，改采单一汇率，让新台币贬值到市场价位，发展出口产业。

台湾经济经过当局的调整，开始慢慢稳定下来，但开始和外面做生意时，汇率却成了很大的问题。为了让经济增长，财政事务主管部门负责人严家淦、尹仲容等人写信“借将”，邀请蒋硕杰和刘大中以IMF专家身份回台3个月，和美国经济顾问团研究改善中国台湾的经济状况。当时，台湾当局给予蒋硕杰和刘大中等人的任务就是研究外汇问题。

蒋硕杰说，当时台湾地区的贸易和外汇有很大的困难。中国台湾的外汇差不多已经花完了，一般银行发信用状给外国银行，是为商人在海外可以动用的额度做担保，海外银行看了信用状，会相信商人的信用，因此会让商人动用一定额度的金额，但在那个时候，银行自己在海外都没什么存款，遑论为业者做担保。

“穷”成这样，尹仲容等官员十分忧心。他们向美国政府提出希望援助的请求，于是美国就派了顾问团到达中国台湾，蒋硕杰与刘大中则是陪同美援团参观，提出对中国台湾经济的看法。但蒋硕杰认为这些美援团的报告很普通，而且提出的看法也没什么重要的内容。

蒋硕杰关心汇率管制问题。当时台湾地区采取差别汇率方

与刘大中、沃尔特（Walter Galenson）教授摄于美国纽约州伊萨卡（Ithaca）（康奈尔大学所在地）

式，也就是对不同的产品使用不同的汇率，譬如某出口产品如果竞争力较大，就认为这个物品的汇率经得起比较高的台币币值（一美元兑换较少的新台币，也就是比较不利、较低的兑换比率，台币的币值相对较高），如果认为另外一些产品的竞争力很小，就给它较低的有利汇率，让它好竞争，因此不同的商品就被定出了很多汇率。这在蒋硕杰看来简直不可思议。

他批评："制定的人大概认为自己非常聪明，其实用心想想，这是很不聪明的事情。"给弱势商品一个有利的汇率，不就是鼓励生产这种没有竞争性的产品吗？另一个产品竞争力很大，就认为它可以经得起一个不利的汇率，但既然这种产品能对外竞争，为什么不能让它尽可能去竞争？仔细想想这是不是公平呢？如果因为它能竞争就得到一个不利的汇率，这不是故意歧视有竞争力的商品吗？

蒋硕杰感叹，许多聪明人遇到这种问题，反而常往相反的方向想，结果把汇率制度弄得乱七八糟。在台湾，棉纺织品用一个汇率，丝纺织品又用一个汇率，机器和木工都用不同的汇率，把人弄得莫名其妙。他认为，这些汇率确定的过程也是莫名其妙的，过去这些工业可能都不景气，所以当局帮每个产业制定一个可以让他们生存下去的汇率，但采用这种“让每个产业可以活下去的汇率”的结果其实都不一样，这便产生了差别待遇。[1]

蒋硕杰与刘大中大胆建议要制定单一汇率，他们认为，只有对各种产业没有差别待遇才是公平的。这样一来，可以用汇率选择值得生产的商品，有竞争力的产业可以取得它应有的地位，竞争力越大，所占资源比率就越大，没有竞争力的产业则会变小，自然也就会被市场淘汰。蒋硕杰在报告中建议，将当时的复式汇率改为单一汇率，从而也引发了颇大的争议。

就在此时，尹仲容被卷入“扬子案”中。扬子木材公司因为经营不善倒闭。倒闭后，“台湾中央信托局”贷给扬子木材的巨款求偿无门。民意代表郭紫峻指出，扬子木材从“台湾中央信托局”得到巨额贷款，但久而不还，有官商勾结之嫌。当时的台湾

---

[1] 陈慈玉，莫寄屏．蒋硕杰先生访问纪录 [M]. 台北：远流出版社 .1995:85.

地区行政管理机构负责人俞鸿钧下令彻查，尹仲容既为经济事务主管部门负责人又身兼放款的“台湾中央信托局”局长，立刻向俞鸿钧请辞，俞鸿钧则准他辞去“台湾中央信托局”局长一职。尹仲容自认一生大公无私，却被此案气得吐血。尹仲容因“扬子案”在1955年7月被提起公诉，但在同年10月30日，法院宣判尹仲容无罪，而被宣判无罪的尹仲容为了政治责任，反而宣布辞去各项职务。

辞职后的尹仲容带着夫人在家养鸡以贴补家用，他清廉自守，洁身自爱，两袖清风，身后萧条，家中也仅存若干书籍而已！

在这段休养的时期，他在家中闭关念书，直到1957年才再度复出，蒋硕杰的建议也才得以逐步化为政策。

尹仲容恢复公职后，他原先主持的台湾生产委员会，改组为台湾经济安定委员会，他担任秘书长；又兼任台湾外汇贸易审议委员会主委，以及台湾美援运用委员会副主委。

尹仲容认为，台湾经济环境趋于稳定，当局应该废除复式汇率，恢复单一汇率，停止各种外汇补贴政策，以确立市场机制；应取消进口配额制度，以利于企业。在完成进口产品替代之后，应积极开拓海外市场。

1958年8月，尹仲容开始着手推动单一汇率，隔年7月，严家淦管理台湾财政事宜，尹仲容接管台湾外贸会，于是宣布实施单一汇率，将汇率由1美元兑新台币15元变为兑40元，1960年正式启动单一汇率，两人奠定了由进口转为出口扩张的经济发展基石。

蒋硕杰虽然鼓励单一汇率，建议让台币适度贬值到均衡水平，但他仍然坚持“由市场决定”的立场，他反对将这项政策化约成“以贬值带动出口”，而是认为这种做法可以鼓励台湾生产有优势的产品，是一种“比较优势导向政策”，永远以比较有优势的新产品为新的出口发展，甚至如果是可以取代进口商品的话，还可以作为进口替代的工业发展。

台湾美援运用委员会成立后，尹仲容担任副主委，李国鼎担任秘书长。综合两方意见，当局提出《十九点财经改革措施》，其主要内容是鼓励投资、节约消费、奖励出口、重视恢复自由市场经济。针对资本市场形成、改善投资环境、改善税收与预算制度，发展金融外汇以及贸易，并提出各项具体的措施，其相关政策成为影响此后数十年财政与经济改革的重要方针。1960 年，《奖励投资条例》实施，鼓励民众储蓄、鼓励投资和出口，排除投资在行政命令的障碍。中国台湾在一连串的解禁下，快速跟上世界脚步，成了全球经济的参与者，而非仅是仰赖美援、进口救援的受助者。

利率升高抑制通货膨胀

国民党到台时，当局奉命依《金圆券发行准备移交保管办法》，将台糖总资产 1.2 亿美元，划拨 4 300 万美元；将造纸总资产 2 500 万美元，划拨 800 万美元。这导致台湾进一步被卷入本已恶化的经济情势中，当时，1 元金圆券可兑换 1 835 元台币，这明显高估了金圆券的价值，大量货币流入中国台湾，使台湾面临严重的恶性通货膨胀压力，经济情势更趋恶化。

20 世纪 50 年代，通货膨胀严重，物资奇缺，外汇和进出口都受到管制，许多学者开始主张以低利率刺激投资，但放款利率被压低，银行就降低存款利率，结果使大多数资金都流入利率较高的地下钱庄，银行反而缺少可以放贷给工商业界的资金，整个银行金融体系更加失调。

为了增加银行可贷资金的来源，蒋硕杰一直反对以印钞票协助工商经济发展的增加流量的错误政策，而建议以较高利率吸引民众储蓄。当时，民众的年收入不过数百美元，家庭储蓄率不到 10%。蒋硕杰鼓励通过提高利率吸引存款。他的理论很简单，如果银行利率维持高档，实际利率高，民众发现把钱存在银行有较高利息，就不会拿到市面上消费，物价自然不会上涨，通货膨胀率也会因此下降。而银行因为可以取得较多的资金，以合理利息贷款给工商业者，让工商业得以发展。市场上的货币一直维持在固定的流量，而不是增加，经济自然会以比较健康的方式逐步发展。

过去，蒋硕杰曾一度是凯恩斯的追随者，但后来逐渐发现凯恩斯理论的缺点，因而趋向认同近代古典学派学者罗伯特森。罗伯特森认为，重视储蓄的影响，鼓励自愿储蓄，投资才能在非通货膨胀的情形下增长，若以发行新货币的方式刺激发展，可能引起通货膨胀。蒋硕杰也认同这个观点，认为要节俭，以增加储蓄，而支应银行放款投资，不主张以赤字支出增加投资。

从1959年开始，他一直反对低利率，主张调高利率以吸收储蓄，并将之用于投资的理念。蒋硕杰分析，若能将每年增加的70％的收入储蓄起来，在四五年后，中国台湾可以不仰赖美援，自力更生。他观察从1952年后，经济发展趋于平稳，到1957年，生产总额增加率达到57％，成绩可观，但在资本形成上却难以令人满意，因为低利率的关系，增加的收入多用在消费上，没有积蓄起来进行投资。

这种反对低利率的观点，和当时国际上甚嚣尘上的凯恩斯学派标榜以低利率刺激投资和消费的主张，正好背道而驰。蒋硕杰坚决反对以增加货币供给的方式来刺激经济活动，因为过度的信用扩张虽然降低了企业取得资金的成本，但实际上却造成通货膨胀和收入重新分配，造成资金的供需失调，结果当局转以信用管制的方法分配信用，但分配到信用额度的企业和个人会得到暴利，受害的还是储蓄大众，这就是蒋硕杰最厌恶的“五鬼搬运”和“金蝉脱壳”伎俩。

蒋硕杰认为，一般人民的反应也许比精明的企业人要慢得多，但君子固可欺以其方，却也不能长期欺骗。长期的“五鬼搬运”和“金蝉脱壳”剥削会让人民采取“自卫的态度”，也就是说人民会拒绝储蓄，改以实物如房地产、黄金或外汇等方式持有，这笔国民储蓄再也不能转换到贷款市场，成为生产建设所用的资金。他认为，只有提高存款利率，使真实存款利率为正数，才能让金融机构发挥融资作用，让其吸收民间储蓄，贷款给对社会有贡献的工商业，这自然也会增加就业机会。

当局听从蒋硕杰的建议，提高利率，于是民众认真储蓄，让银行有了正常可放贷的资金，从 1963 年起，台湾冲破了经济起飞点，开始了台湾经济奇迹的一页。当时不少亚洲新兴国家都学习中国台湾的方式，包括降低出生率，利用货币和税收政策来提高储蓄率，再将储蓄的资金转投到正当的生产事业，再引进各种有助生产的技术，将有限的资本和资源有效利用，在加速资本形成后，民众收入自然提高。蒋硕杰将中国台湾案例写成论文对外发表，让世界都看到，中国台湾虽是蕞尔小岛，但却是“亚洲四小龙”的带头者，在经济上有着亮眼成绩。

尹仲容是蒋硕杰意见的最佳支持者，也因为他充分理解市场经济的力量，推动自由经济，加强民间竞争力，让出口扩张取代进口替代，中国台湾进入了经济的快速增长期。

但台湾当局未能持续推行自由经济政策，台湾在 20 世纪 60 年代中期以后的经济发展过程中又产生新的问题，因为没有持续的开放，还有各种管制政策，反而使台湾经济在不平衡发展中面临重大难关。已故的“台湾中央研究院”院士邢慕寰指出：

50 年代初期认为接近市场均衡而制定的外汇汇率（1 美元兑

新台币 40 元），在后来，市场情况其实很快就变得不同，当局竟浑然不知外汇汇率实际上已逐渐远离了市场均衡，新台币价值已逐渐由外贸改革前的“高估”变成了“低估”，最终成为反自由化的隐形出口津贴……贸易顺差和外汇储备加速积累，酿成了资金泛滥，使外贸改革成为金钱游戏。

在财经政策上缺乏系统的方向与做法，导致这些问题未能及时得到解决，使得台湾一开始原本以控制通货膨胀为傲的经济，却在后来爆发的通货膨胀问题中举步维艰。

在 1963 年 1 月尹仲容逝世以后，所有的自由经济政策便没

1984 年，蒋硕杰向各界人士演讲“亚洲四小龙的经济起飞”

有继续推行下去，各种保护管制措施仍然继续存在，后来甚至发生“蒋王论战”，更成为计划经济与自由经济理念的对战。蒋硕杰孤军奋战，备感辛劳。“台湾中央研究院”院士邢慕寰也在悼念蒋硕杰的文章中提到，多项违反自由经济政策的管制保护措施在此后 20 多年内几乎原封不动，蒋硕杰后来在台湾的岁月，地位虽然崇隆，但内心的感受只能用“苦寂”二字来形容。

尹仲容逝世，让自由化运动有头无尾。一来，金融等行业仍然没有开放，导致地下金融极为发达，金融弊案频现，也为后来“十信案”埋下了祸根，也导致了 20 世纪 90 年代的金融改革；二来，汇率统一了，后续却没有开放自由浮动，加上出口导向，最后积存了庞大的外汇储备，使得 20 世纪 80 年代台湾的通货膨胀压力很大，游资炒出了资产泡沫，让房价居高不下，爆发了民众夜宿街头的“无壳蜗牛”运动。随后鼓励当局管制的意见蜂拥而出，因为不完全自由化导致的经济结构错配以及爆发的种种问题，仍让后人头痛无比。[1]

---

[1] 吴惠林，编 . 蒋硕杰先生悼念录 [M]. 台北：远流出版社 . 1995:203—224.

发展货币理论思路

蒋硕杰在 IMF 任职期间，一方面参与经济事务，另一方面仍持续以亲身经历去对照他的学思历程，从实务不断修正他的研究重点。

蒋硕杰的理论思路是，先强调货币与利率，接着是汇率问题。他先厘清货币理论的思路。1956 年，他于《美国经济评论》发表文章《综论：流动性偏好和可贷资金理论，乘数和流速分析》（Liquidity Preference and Loanable Funds Theories, Multiplier and Velocity Analysis: A Synthesis），作为他对货币理论的理论分析，并且针对秘鲁、丹麦等国做实证研究，证明了货币数量对经济体系莫大的影响，他同时指出，当时极其流行的凯恩斯学派主张的中性货币政策（Keynesian Neutral Monetary Policy），即所谓钉住利率，令货币供给自由变动的政策，实际上弊端极大，将造成累积效应（cumulative effects）。

蒋硕杰对真理的追求不因人而异，不崇拜权威，也敢据理力争。他在就读博士的时候就批判过当时的经济学大师凯恩斯对人口增长和就业关系的观点，后来又评论学校里的大师庇古对于真实工资和就业的相对变动观点有误，庇古不得不在《就业与均衡》第二版中修正了自己的错误。对蒋硕杰来说，他最不能忍受的就是将错误的观点到处传播，他在 IMF 任职期间，积极打笔战，但绝不是口水混战，而是结结实实地以理论去驳斥其他学者的错误。

蒋硕杰为人虽木讷，但在文章中的批评却辛辣有力，往往让当事人难以承受。他在回忆录中追忆几篇难忘的文章，其中的第一篇是他在 1959 年批判当时有名的学者纳克斯（Ragnar Nurkse），纳克斯强调浮动汇率将导致货币的不稳定的学说，在当时颇为风行，但蒋硕杰最反对的就是干预利率、汇率，蒋硕杰认为这才会使得汇率大幅波动，导致投机炒作。

为了驳斥纳克斯的说法，蒋硕杰撰文批评，并刊登在 IMF 的内部刊物上。不料这篇文章刊出不久后，纳克斯到瑞士休假，竟突发心脏病过世，这让蒋硕杰感到很内疚，担心是不是自己的批评让他受不了。

对蒋硕杰来说，批判文章是用以阐述“真理越辩越明”的。IMF 当时，有一位顾问叫斯文·拉森（Sven Larsen），蒋硕杰评论他是“不怎么有名、爱吹牛”。后来这位顾问引用凯恩斯学派主要学者卡尔多讨论“投机与经济稳定”问题中的投机理论，并将之用到外汇投机的观点上。但是，蒋硕杰早在学生时期就已经批评其卡尔多的观点，因此拉森的主张自然也有问题，加上他还吹捧卡尔多，蒋硕杰忍不住又写了一篇文章，在 1958 年投稿到重要期刊《政治经济学杂志》（*Journal of Political Economy*）上。蒋硕杰虽然没有对拉森的文章指名批判，但在一个脚注中，提起拉森似乎有相关的文章，但观点大不相同，希望读者自行比较。

这篇文章刊出后，刚好就有一个重要的研讨会，蒋硕杰没有去参加，但拉森参加时却因为突发的疾病而去世。这让蒋硕杰又再度紧张，希望不是因为自己评论的问题让对方受到伤害。

虽然工作繁忙，但做学问仍是蒋硕杰最重要的工作。在 IMF 任职时，蒋硕杰的文章与著作源源不断，但也因为他的批判性，加上中国人的身份，即使台面上，学界对亚洲人或中国人不敢轻视，但偶尔还是会表现出种族歧视，他的文章也常受到压制，蒋硕杰面对这样的状况也极力抗争过。

在 IMF 时期，蒋硕杰其中一位同事蒙代尔（Robert A. Mundell，1999 年诺贝尔经济学奖得主）有颇多新思想，也常写文章。蒋硕杰离开 IMF 前夕，蒙代尔写了一篇文章，讨论要同时解决对外失衡（国际收支失衡）和对内失衡（失业的存在或物价的不稳定），应该用怎样的政策组合，才不至于顾此失彼，这篇文章也引起了不少辩论和巨大反响。

蒋硕杰恰恰是反对的一派。他认为，蒙代尔是将国际收支的流量完全视作两个利率水平的函数，设定两国利率各为 a 和 b，当两国利率都不变时，就判定两国之间的资金流量和方向都不变；利率一动，资金流量就会随之变为新的流量，并继续不止。他认为，这种假设并不符合现代资金配置的理论，因为按照这样的说法，资金配置是由资金在各地的孳息率水平决定的，资金的流量（配置的变动）应该是各地利率的相对变动的函数才对。他认为，实际上，资金流量一部分是国内外利率差异的变动所引起的，利率变动的影响其实会逐渐消失，以资金流量来调节国际收支（balance of payments）将会产生很大的问题。

他评论蒙代尔没有考虑这种情形，并将资金流量的作用改为正态函数，做出了更好的结论，蒙代尔也同意他的观点。

蒋硕杰将这篇文章投稿到一流的《经济学季刊》（*The Quarterly Journal of Economics*），当时的总编辑是哈佛的马斯格雷夫教授

（Richard Musgrave），他找了威尔逊教授（Tom Wilson）作评审。

巧合的是，威尔逊教授原本也在康奈尔教书，和蒋硕杰是同事，但在威尔逊想要晋升时，却因为校内外评审委员的意见都认为他文章没有内涵，便不同意他升正教授，结果他对同为评审委员的蒋硕杰怀恨在心，写了评论指出“S. C. Chiang”的文章“很明显不够西方人的水平”，否决了这篇文章，还写信给蒋硕杰，强调要维持《经济学季刊》的严格水平。

蒋硕杰看了自然非常生气，于是当下就将这篇文章被另一个知名期刊邀稿的信件复印件，以及威尔逊曾因晋升不成、记恨的态度，一五一十告诉马斯格雷夫。除了表示这篇文章不可能“不够西方人的水平”，他还指出，马斯格雷夫不应该让威尔逊看到作者姓名，应该匿名送审，否则威尔逊怎么会知道作者是东方人？居然还让这种有种族歧视的评语出现！

后来，这篇文章一字不改地在《经济学季刊》上刊登了，蒋硕杰批评，中国人在外国受气的情况还是很多的，外国人自己表现不佳，却会用“你是中国人”的理由评论中国人文章不够西方人的水平，实在可恶。[1]

蒋硕杰参与辩论，并不是只拿一个理论出来，他自己也反对这种做法。他曾说：

我没有看过一个中国人像我这么大胆地批评所谓大师的理

[1] 陈慈玉，莫寄屏．蒋硕杰先生访问纪录 [M]. 台北：远流出版社 .1995:74—77.

论，很多人都是拿人家的公式来用，解释的时候就说这个公式与某某教授用的一样，这样一交代就算了事。比如说这是芝加哥学派的人常用的公式，如果有人要说他们不对，他就说：难道你要把芝加哥学派所有的人都推翻吗？

对蒋硕杰来说，这种想借芝加哥学派的威风把人压倒的做法实在是让人不屑，“我就不听这一套”，他也批评过芝加哥学派的知名学者，认为这种说法不负责任。[1]

---

[1] 陈慈玉，莫寄屏．蒋硕杰先生访问纪录 [M]. 台北：远流出版社 .1995:74—77.

重视利率与汇率的自由化

在 IMF 工作的后半段时期（共 10 年），蒋硕杰将重心放在汇率自由化的研究上，注重浮动性利率的问题。当时的观念是，汇率浮动将造成经济波动，失去稳定性，汇率的预期弹性将大于 1。当时法国法郎出现自由浮动汇率，因此失去稳定而贬值，法国政府不得不又重新干预汇率，让法国法郎保持在约 27.2 法郎兑 1 美元的水平。支持浮动汇率者认为，市场投机买家必须买低卖高，这样才会使价格趋于平稳；但反对者认为，这种“理性作为”只能是具有市场知识的专业投资者才会做出的，缺乏市场知识的投资者反而会造成经济混乱，因此，支持者无法说服反对者。

蒋硕杰为了推翻这种说法，亲自设计理论，讨论在浮动汇率下，汇率由投机及其他商业行为的相互关系决定，因此，证明货币供应的弹性影响很大，不能仅仅以汇率预期弹性来判定汇率市场的稳定与否。

蒋硕杰以两次世界大战中的英国、挪威等国为例，这些国家也采用浮动汇率，但在国内采取稳定的货币政策，货币供给不轻易变动，因此虽然汇率浮动，但不在外汇市场以准备金支持汇率，任其随市场供需变动，结果汇率竟然相当稳定。再如法国，法国政府当时还采取钉住短期利率在年息六厘的货币政策，一超过年息六厘，政府又无限制地让战时发行的短期公债兑换为现款，进入市场的投资追求高于六厘的投资报酬率，于是这种累积效应无限制地运作，让法郎根本无法稳定。[1]

蒋硕杰将这套模型用于推论期货汇率市场，驳斥所谓“浮动汇率让国际贸易风险成本增加”的观念。简而言之，蒋硕杰已经认为凯恩斯的投机性货币需求，实际上只是在短期金融资产与长期债券间的投机性套利行为。

在 IMF 工作期间，蒋硕杰因为表现优异，再度被提名为“台湾中央研究院”经济组的院士，就在 1958 年，蒋硕杰 40 岁这一年，他被选为“台湾中央研究院”第二届院士，更致力于将自己的研究观察用于降低通货膨胀，促进经济快速增长的实践上。台湾当局鼓励高储蓄率，从而降低通货膨胀，增加银行可贷款给企业的资金流量，鼓励单一汇率，让台币大举贬值到 40 元兑 1 美元，从而促进了台湾产品出口扩张，这些都是蒋硕杰在 IMF 时期积极研究的成果。

以当时经济学界一片凯恩斯学派的环境下，台湾当局实行控制货币流量的政策，走了发展适合自己的轻工业路线，并且大胆贬值货币，奠定以出口为主的经济模式，更让市场机制淘汰不合理的产业。中国台湾是蕞尔小岛，原就容易受外界影响，但却能够力抗通货膨胀危机，造就经济模范，可以说是蒋硕杰及一批自由经济学者合力开创的成果。

在 IMF 的 10 年间，蒋硕杰的重要成果是澄清了他对货币理论的思路，在这 10 年的前半期，他证明了货币的数量对经济体

[1] 陈慈玉，莫寄屏 . 蒋硕杰先生访问纪录 [M]. 台北：远流出版社 .1995:75, 176.

系有莫大的影响；他再以此观点延伸讨论，认为凯恩斯学派只要钉住利率，让货币供给自由变动的观念其实弊端很大。在这 10 年的后半期，他将注意力转移到浮动汇率上，亲自设计模型，推翻了凯恩斯学派支持者认定浮动汇率会增加市场风险和波动性的说法。

随后，蒋硕杰离开 IMF，先后转往罗切斯特大学和康奈尔大学任教。

第五章

美国教学岁月与梨山论坛

蒋硕杰在 IMF 工作 10 年，在这期间，他以过去逻辑学训练的态度，不断挑战当时热门的观点，针砭一些当代大师的思维盲点，通过不断地理论思索以及与学者对话，整合出自己对货币经济学与自由经济的观点，成为当时货币学的重要学者。

蒋硕杰在IMF工作10年，在这期间，他以过去逻辑学训练的态度，不断挑战当时热门的观点，针砭一些当代大师的思维盲点，通过不断地思索以及与学者对话，整合出自己对货币经济学与自由经济的观点，成为当时货币学的重要学者。

1960年，42岁的蒋硕杰决定离开IMF到罗切斯特（Rochester）大学经济学系任教，由于他的学术地位与研究表现，他一开始就担任正教授的工作。在罗切斯特大学任教9年后，1969年，他再转往康奈尔大学经济学系教书，并在康奈尔大学退休。

从台湾当局向IMF借将，并邀请他担任经济方面重要顾问工作后，蒋硕杰的理论得以实践。他在大学担任教职的十几年正值壮年，他也持续向台湾当局提供建议，参与政策制定，用学术实际结合实务，进行对自身理论的观察和修正。他所积极推动的自由化，协助台湾地区开拓了经济发展史上闪亮的一页。

过去，蒋硕杰与好友刘大中虽然对当局处理金圆券问题的做

蒋硕杰和经济系教授罗伯特（Robert France）与各教授于罗切斯特大学毕业典礼合影

法持消极态度，以致不愿参与活动，但从尹仲容开始的官员，都能尊重学者的意见，并积极推动改革，于是蒋、刘两人也以更积极的态度参与。

1966—1980年，台湾地区的财政渐趋稳健，设立加工出口区引进投资，采取利率自由化和汇率自由化政策，并于1973年推动“十大建设”，1978年又推动“十二大建设”，经济快速发展。台湾当局在20世纪70年代所依赖的经济顾问，以刘大中、蒋硕杰、邢慕寰、顾应昌、邹至庄、费景汉六位院士为代表。自1966年起，他们到台湾讲学，同时为当局提供建议，经济顾问团团长由刘大中担任，蒋硕杰次之，1975 年，刘大中逝世后则由蒋硕杰主持。

这期间提供建议最为外界所知的就是 1974 年的六院士建议《今后台湾财经政策的研讨》，1976 年的《台湾财经政策之再研讨》与 1978 年的五院士建议《经济计划与资源之有效利用》。这些建议的主要内容为经济政策要尽可能与市场供需力量配合，从而加速经济自由化步伐。[1]

在学术上，蒋硕杰也毫不松懈，持续写文章讨论凯恩斯学派所主张的瓦尔拉斯法则（Walras’s Law）的不合理问题，明确以流量和时间观点为主轴的货币理论，反对政府干预货币的流量，造成通货膨胀。

[1] 巫和懋．中国经济学一百年：经济学在台湾的发展．北京大学中国经济研究中心演讲，2001.

进入大学任教

虽然蒋硕杰在 IMF 的研究工作很有贡献，也经常在 IMF 的期刊上发表论文，但当时的总编辑费希尔（Allen G. B. Fisher）有很深的种族偏见，总把他的论文排列在最后；加上当时特殊的环境也难受到国际重视，蒋硕杰觉得有志难伸，萌生离去之意。[1]当蒋硕杰放出想离开 IMF 的消息后，不少大学都对蒋硕杰很有兴趣，也来信聘任。考虑到和自己的研究兴趣相当一致，并且也愿意接受他“批评当道”的风格，蒋硕杰选择到罗切斯特大学任教。

在蒋硕杰的学术履历表上，很奇特的现象是，他从来没当过助理教授或副教授，他进入北大经济学系时，就是最年轻的正教授。对于这个现象，连他的同行们都觉得很意外，问他怎么会跳过这些阶段。蒋硕杰很谦虚地说，其实是运气，在进入北大前，他已经发表过几篇海外论文，相较于其他老师，蒋硕杰的英文论文量多且质精，甚至也已经结集出书，自然能够直接争取教授的职务。

在他进入罗切斯特大学时，学校刚设立研究部门，主管麦肯齐（Lionel McKenzie）也刚到任，大张旗鼓决定整顿研究部门，将不精于学术的“吹牛”老师请走，聘用学有专精的新老师，当时的许多新老师在后来都有了极佳的表现和成就，蒋硕杰也很肯定这位主管的表现。

---

[1] 吴惠林，编 . 蒋硕杰先生悼念录 [M]. 台北：远流出版社 . 1995:137.

当时，罗切斯特大学校园还是一个紧凑的四合院式建筑，经济学系大楼是一栋改装过的建筑。小归小，但当时来的新老师都致力于学术，态度积极。和日后去康奈尔大学相比，蒋硕杰觉得，在罗切斯特大学中，人与人之间的相处相对亲切得多。[1]

当时，中国学生要申请罗切斯特大学的入学许可，文件都由蒋硕杰审核，学习好的学生能轻易获得奖学金入学，有一年最高纪录是，有 10 位来自中国台湾的学生同时在罗切斯特大学领取奖学金就读，包括后来台湾“经建会”前主委胡胜正，前财政事务主管部门负责人郭婉容的妹妹郭嬗容，以及后来在台湾“中华经济研究院”担任研究员的林安乐，他们都是当时在罗切斯特大学进修的优秀学者。等到蒋硕杰离开罗切斯特大学转到康奈尔大学时，康奈尔大学少了能准确评鉴华人学生成绩单和申请函的华裔学者，入学的华人学生就少了。[2] 在罗切斯特大学，蒋硕杰也很照顾中国学生，胡胜正就很怀念师母烧的好菜，在当时留学生活中，这是思乡学子打牙祭和吃到故乡味的美好时刻。[3]

新人员到新学校要求有所表现，因此蒋硕杰初去罗切斯特大学的前几年格外辛苦。但在入校的第二年，他就写出了《货币在贸易平衡稳定性中的作用》(The Role of Money in Trade Balance Stability: Synthesis of the Elasticity and Absorption Approaches) 一文，并且连续被两个知名期刊和论文集收录。隔了两年，他又写了批

[1] 陈慈玉 , 莫寄屏 . 蒋硕杰先生访问纪录 [M]. 台北：远流出版社 .1995:93—94,105—106.
[2] 陈慈玉 , 莫寄屏 . 蒋硕杰先生访问纪录 [M]. 台北：远流出版社 .1995:95.
[3] 吴惠林 , 编 . 蒋硕杰先生悼念录 [M]. 台北：远流出版社 . 1995:77.

判瓦尔拉斯法则的论文，这篇论文是蒋硕杰在罗切斯特大学的重要学术表现。

随后，蒋硕杰跟随好友刘大中的脚步，到康奈尔大学经济学系担任教授。刘大中当时担任康奈尔大学经济学系主任，系上有不少中国籍的教授，包括已经先进学校的费景汉教授和刚毕业担任过助理教授的邹至庄等人，蒋硕杰的女儿也在康奈尔大学建筑系就读。蒋硕杰敏锐地发现康奈尔大学分成了左派和右派，刘大中反对太过“左”倾的教授，左派教授也和刘大中带领的中国籍教授互不相让，双方自然气氛不会太好，蒋硕杰也注意到了这一点。[1]

[1] 陈慈玉，莫寄屏．蒋硕杰先生访问纪录 [M]. 台北：远流出版社 .1995:105.

深思熟虑、观察入微的老师

单骥在康奈尔大学就读时，特地去修习蒋硕杰的货币经济学相关课程。在他眼中，蒋老师一直是一个君子，从不公开炫耀成就和地位，大家从他的文章中就能够理解他的地位和理论非常完美。单骥说，就是因为蒋硕杰从来不说什么，学生却能从他不断完成的著作中看到他的努力，于是更加尊敬他。

不过，这位老师从不当面称赞学生，对学生的看法都默默地放在心里。单骥虽然后来走的学术路线不是货币经济这一方面，但仍然和蒋老师很亲近。毕业前，蒋硕杰问他："你毕业后有何打算？"单骥回答一定会回台湾工作。

当时蒋硕杰已经开始筹备台湾"中华经济研究院"，马上邀请单骥进入台湾"中华经济研究院"工作。不过，单骥没有因为老师开口邀请就不照规矩，还是老老实实照标准程序投履历、经过审查，进入台湾"中华经济研究院"，直到多年后，蒋硕杰的秘书吴郁美才告诉单骥，蒋硕杰为他写过一封推荐信，推荐信的内容更让单骥受宠若惊，原来自己的努力，老师都看在眼里，也给了一定的肯定。访谈时，单骥想起过世的老师，既感动又感伤。[1]

为蒋硕杰撰写访谈录的门生莫寄屏用"特立独行"形容自己的老师。莫寄屏在台湾读书时，听到台湾大学经济学系教授王作荣提过"康奈尔有个蒋硕杰，想法和他人不一样"，因此选择到

---

[1] 作者于2011年拜访单骥先生。

康奈尔大学就读，还直接跑到蒋硕杰门下想要拜蒋硕杰为师。

一开始，莫寄屏自认对总体经济和货币学兴趣很大，也对几个讨论最热门的学派很有体会，一到康奈尔大学就特地修蒋硕杰的课，并且到研究室去问："您对凯恩斯学派（Keynesian）、货币学派（Monetarism）等，较喜欢谁？"没想到蒋硕杰斩钉截铁地回答："这些我通通不喜欢，觉得都不太好。"不但答案毫无挽回余地，而且也没有要多解释理由的必要，莫寄屏满腔热忱，却被泼了一大盆冷水，这让他感到很迷惑。

直到莫寄屏修完了蒋硕杰开的所有课程，终于了解了老师的观点，他从过去醉心于投入总体经济和货币学的观点，转向去研究这些观点之上的基础经济理论。不被表面的华丽和繁复影响，专注于单纯的理论基础，了解蒋硕杰对学问追求的态度。对于老师的研究之深和专注，他从"特立独行"的评语，改以"莫测高深"来形容。

在就读康奈尔大学不久后，莫寄屏的一位同学即将进入博士论文口试，蒋硕杰被邀请担任口试委员。但口试之后，第二天莫寄屏就遇到一位参与口试的教授，教授说："蒋先生真厉害。他问了一个问题，口试的学生无法回答，指导教授想帮忙，也解决不了问题，最后论文只好做大幅修改。"说完摇摇头："他就只问了一个问题。"

莫寄屏说，这其实不奇怪，被蒋硕杰质询是一个很奇特的经验，他有时轻描淡写地问了一个问题，"口快"的人就直觉式地给他一个答案。但给出答案后，再仔细多想，就会发现其他地方要出问题，所以赶快修正答案，多些补充说明，但这一补充就没完没了了，因为到处都有问题，不一会儿就发现窟窿越补越大，开始冒起冷汗。“而他始终一言不发，静静地看着你。”莫寄屏说。其实一切思路过程，蒋硕杰早已知道，他早已在发问前把问题设身处地地全盘想过，会有何种解法，会出何种问题，甚至如何解救，他都想过了，蒋硕杰自己也解不了的问题，就向当事人发问，所以他的问题虽然来得轻描淡写，但“其实很可怕”。莫寄屏对老师的功力，用日本武士的“一刀”来解释，在经过一阵子游走和观测虚实后，往往突然出招，观众甚至都还没看清，就已高下立判。

不过，蒋硕杰并不是只管学术而不管生活的书呆子。他长年在美国教书，担任罗切斯特大学和康奈尔大学的教授，在课余邀请来自中国的学生到家里吃饭，师母烧的好菜是不少省吃俭用的留学生的美好生活回忆。蒋硕杰经常举办这种聚会，让大家能够欢聚一堂，而在这种私人聚会中，蒋硕杰往往表现出在校园和研究机构中不同的态度。

在蒋硕杰回到台湾担任台湾“中华经济研究院”院长后，依然凡事自己亲力亲为。莫寄屏有一次发现已经身为台湾“中华经济研究院”院长的蒋硕杰，竟然正在替自己的论文集做校对，立刻动员助理和学生一起帮着蒋硕杰把这件事情做完。蒋硕杰也常在工作期间邀请工作人员到家里吃饭。一次吃饭时有人提到，曾担任驻英大使的叶公超在牛津大学读书时，曾在牛津大学划船队担任掌舵，夫人马熙静便笑说，蒋硕杰也是学校划船队的一员。

1990 年 11 月蒋硕杰接受陈慈玉（右）与莫寄屏（左）的访问

莫寄屏当时也在现场，他说，老师为了证明划船队训练很严格，当场卷起袖子，用“健美比赛要展示手臂上二头肌的一个动作”弯曲手臂，他当时已经年届 70，但仍肌肉发达，让在座者都佩服英国大学划船队的严格训练，而他当着几个 20 来岁的年轻人，表现得非常活泼，学生们对于他的亲切也感到很惊喜。[1]

[1] 吴惠林，编 . 蒋硕杰先生悼念录 [M]. 台北：远流出版社 . 1995:63—75.

梨山会谈

在这期间，蒋硕杰与刘大中也开始对中国台湾的经济政策有了更大的贡献。蒋硕杰在 IMF 时期对台湾当局提出了鼓励储蓄、提高利率和让汇率贬值的建议，同时认为应该让有竞争力的产品出口。从蒋硕杰、刘大中开始，台湾当局对经济学者的意见加以重视，这也是台湾地区经济起飞的很大一部分原因，正是因为蒋、刘等专业经济学者不求名利，只希望提供专业意见，让中国台湾在当时全球经济和政治都极不稳定的环境中，仍有所表现。

1967 年 6 月，台湾当局听从经济顾问团团长刘大中的意见，由台湾经济事务主管部门邀请世界各地的经济学家（约 20 人）和台湾地区学者，举办对经济发展至为重要的关于中国台湾经济发展的研讨会，从而对中国台湾的经济增长进行研究与检讨。

会后，蒋中正请刘大中、蒋硕杰、费景汉、顾应昌四名经济院士在台湾多留两周，以提供进一步财经建议，于是四名院士在李国鼎的陪同下，赴梨山行馆小住，与蒋中正见面。在此期间，他们起草了一篇文章，对当时税制改革加以陈述与讨论，准备交给蒋中正。

虽然这些院士在过去都为台湾地区的经济奉献了诸多心力，但他们更希望持续对其有所贡献。在出发往梨山行馆前，态度积极的刘大中便预先请台湾“经合会”的同事，为他绘制整套由其设计的生产分配和利用图解，准备为蒋中正讲一堂总体经济学和财政政策的课。

蒋硕杰回忆，当时刘大中为了表示郑重，特地将图解装在一个长筒中，自己揹着上山，还开玩笑说："希望安全人员不要误会我扛着迫击炮上山。"当晚，蒋中正问大家是否住得习惯、空气是否太凉，赠送了夹克，又在晚餐中听取了学者的看法，刘大中趁机提出第二天愿意陈述一些意见的请求。于是隔天，蒋中正便约四院士一起去参观福寿山农场。

在福寿山农场，天气晴朗，刘大中摊开图解，一一铺在草地上，以政府消费、民间投资、民间消费及政府收支之关系的图解方式，为蒋中正开了一堂私人的总体经济学原理讲座，讲解经济体系运行间彼此的关系。蒋中正边听边问，听完后大加赞赏，认为可以采纳学者的意见。蒋硕杰不善言辞，看着好友神采飞扬讲解重要的经济学原则，也大为钦服。

这次座谈后，蒋中正对于经济发展更有概念，并且采纳了院士的相关意见，设立评估小组，每年都对生产总需求做出估计，作为未来编列总预算的依据。蒋中正更在院士的建议下，于 1968 年设立了"台湾赋税改革委员会"，刘大中担任第一任主委，开始了台湾地区在推动经济改革后，第一次最大规模的税制改革工作。[1]

---

[1] 吴惠林，编．蒋硕杰先生悼念录 [M]. 台北：远流出版社．1995:1100—1101.

参与第一届“台湾赋改会”，提出增值税观念

为了进行税制改革，刘大中积极任事，不愿意像欧美大多数学者参加特设的专家委员会那样，只写一份报告书就交卷了事，他希望能实际推行工作，要亲眼看见工作付诸实行。在执行的两年内，蒋中正也破格授予刘大中权力，要求财经主管配合和协助。有了蒋中正绝对的信任和支持，刘大中大刀阔斧地进行了改革和调整，扩大了“台湾赋税改革委员会”和财税资料处理及考核中心，再将这些已上轨道的组织，并入正规编制，由“台湾税制委员会”接手，打下财政信息平台的基础。

第一届台湾赋税改革会议（下文简称“台湾赋改会”）为期2年4个月（从1968年3月到1970年7月）。在第一次“台湾赋改会”中，蒋硕杰向刘大中提出采用增值税的构想，认为可以收缩货币供给，减少预算赤字，鼓励多生产、少消费，即便使商品成本稍微提高，也不一定会引起通货膨胀。

在当时，增值税是极新的观念。1965年，蒋硕杰曾经为联合国做过一份研究报告，讨论发展中国家的税率、信用和贸易政策影响制造业生产和出口的状况。这份报告的研究内容就牵涉税收政策，也因此谈到增值税的问题。

为了写文章，蒋硕杰特别仔细阅读了增值税的理论，他觉得增值税的概念很好，可以将税收负担由生产者转移到消费者身上。当时的所得税制是根据每个人的收入来决定所缴的税，其所得税率采用累进税率，最高税率达60%以上，但当时人均

收入偏低，一年赚一两百万元的人都算拥有很高的收入，累进的起点低，导致所得税过高而影响人们工作和生产意愿。蒋硕杰说，企业家扩充事业，多赚100万元，就被抽去六成的税，一半以上的收入都被征收，自然降低了他们的生产意愿。但消费性的增值税，则是按照消费量来课税，蒋硕杰认为，生产多而消费少的人多付税，高消费而少生产甚至不生产的人反而少付税，将税负加在生产而非消费上，非常不公平。增值税的好处是通过对原料和生产机器等中间财进行免税的办法，使税负通过消费方式征收，在国际上也获得了学者与各当局者的支持。

在第一届“台湾赋改会”中，蒋硕杰向刘大中提出采用增值税的建议，并力劝刘大中聘请在爱尔兰推动增值税相当成功的爱尔兰赋税署前署长杜伊格南（Duignan），力主可以实施增值税，因为当时已经有商品税，可以作为增值税的基础，推动不会有困难。

不过这项政策的推动并不顺利，因为刘大中也聘请了来自哈佛的顾问，即刘大中过去在约翰·霍普金斯大学（The John Hopkins Univ.）的老同事马斯格雷夫（Richard Musgrave）教授。他是标准的凯恩斯学派信徒，相信成本推动的通货膨胀理论，因此指出增值税引发的成本上升将推动通货膨胀。这个说法吓坏了当时的官员，一面倒地反对增值税。蒋硕杰气不过，认为虽然商品会因为增值税而涨价，但钱却是相对流进生产和当局的系统中，在市场上流通的钱变少，不会引起通货膨胀。

蒋硕杰认为，他与凯恩斯学派的人的观点差异就在于，凯恩斯学派认为货币供给无关紧要，尽管把货币供给的税抽去，他们也认为没有收缩作用，但将产品成本抬高就会引起通货膨胀。蒋硕杰却认为增值税也能收缩货币供给，减少预算赤字，即使把商品成本提高一些，也不一定引起通货膨胀，因而与刘大中展开了激烈的争辩。即使他与刘大中是好友，仍多次当着刘大中的面斥责税制偏颇的问题。

"台湾赋税改革委员会"的主要任务是筹措财源，增加税收，但又要降低通货膨胀的隐忧。由于台湾当局从1968年推动九年义务教育，把义务教育时间从6年延长到9年，并兴建学校和聘任老师，这些都需要花很多钱，因此要在税制上着手募资。马斯格雷夫认为"台湾赋税改革委员会"的主要任务就是，研究如何大幅增加税收，这也是马斯格雷夫的"警告"会引起官员紧张的原因。

当时的方法是决定再提高所得税，而蒋硕杰认为所得税边际税率太高，会影响生产，建议实施增值税，从改善生产诱因着手。蒋硕杰认为，马斯格雷夫的想法毫不考虑赋税如何不妨碍资源的最佳、最有效率使用，如何促进生产力的快速增长，甚至因为顾虑逃税漏洞，将《奖励投资条例》大加删改，还增加了对企业保留盈余课税以及强迫分配，以征收营利事业所得税和个人综合所得税，因此引起了蒋硕杰的抗议。[1]

凯恩斯学派支持者坚持增值税"可能会有通货膨胀的危险"，加上当时台湾赋改会中管理税制的研究小组的管理者曾到哈佛向

---

[1] 吴惠林，编．蒋硕杰先生悼念录 [M]. 台北：远流出版社．1995:140.

马斯格雷夫学习，也偏向支持这个想法，蒋硕杰的计划被迫延后，但让蒋硕杰生气的是，刘大中也支持马斯格雷夫的说法，蒋硕杰与刘大中争论多次，也无法成功。

随后，韩国实施了增值税计划，1986 年，中国台湾才开始实施增值税，采取外加式税额，虽然当时因为消费者不习惯买东西还要另外付税，引发了不少争论，但增值税实施后，并没有发生通货膨胀的问题。蒋硕杰认为，有些人认为物价是由成本来决定的，但其实是由供需决定的。

第一次台湾赋税改革会议的结果是支持增加所得税的建议，于是税收增加很多，台湾当局也有了财源去扩充教育。但是，蒋硕杰对此结果觉得失望，因为财政上看来是没有赤字，但他质疑这对税收是否会产生扭曲效果呢？对奖励投资又是否有效果呢？对于这些问题，改革都没有注意到。蒋硕杰认为，凯恩斯学派注重的仍是收入效果和对就业的效果，对资源配置则不太注重。[1]

---

[1] 陈慈玉，莫寄屏．蒋硕杰先生访问纪录 [M]. 台北：远流出版社 .1995:107—111.

院士联合建议，预见汇率风险

在参与一连串台湾经济发展的行动中，蒋硕杰有挫折也有成就感，即使他推动增值税并不成功，但他仍持续为经济发展奉献心力。“台湾中央研究院”财经院士包括刘大中、蒋硕杰、邢慕寰、顾应昌、邹至庄、费景汉等人，他们的贡献均不可小觑。梨山会谈之后，院士们趁参加每两年一次的研究院院士会议之便，聚会讨论台湾经济的有关问题，并且做成共同建议，以供当局决策参考。

这样的院士联合建议，一共有三次，蒋硕杰写成《研究院诸院士的共同建议》一书（包括《今后台湾财经政策的研讨》《台湾财经政策之再讨论》《经济计划与资源之有效利用》等多篇文章）。虽然有院士认为，当局对这样的建议是“尊重大于接受”，但学者们仍然认真提出建议。

即使只是每两年提出一次建议，院士们仍会把握机会尽力提出看法，有鉴于当时对外汇和利率的管制，反而造成外汇资产大增，从而可能引发金融秩序失调的危机，院士们的建议也从过去注重产业发展，调整为重视金融和汇率政策。

在 1974 年的联合建议中，六院士就联名建议应健全货币市场，实施浮动汇率，建立期货外汇市场，让利率由自由市场的资金需求和供给来决定，因此，在 1976 年便成立了台湾三大票券公司之一的“中兴票券金融”，由蒋硕杰的忘年之交、曾任台湾银行董事长的张兹闿担任首任董事长，擘画了台湾的货币市场。在随后的建议中，院士们也不断提醒当局，因为金融管制制度仍然存在，由外汇资产累积过快、过大引起的通货膨胀问题，不可不慎。[1]

[1] 陈慈玉，莫寄屏．蒋硕杰先生访问纪录 [M]. 台北：远流出版社 .1995:101—108.

批驳瓦尔拉斯法则

在积极提供建议的同时，蒋硕杰也持续研究货币，他在罗切斯特大学重新解释了瓦尔拉斯法则。1963 年，他写了《瓦尔拉斯法则和利息理论》(Walras' Law and Theories of Interest)，并刊登在台湾清华大学的中文学报上，指出瓦尔拉斯法则的不合理问题。

瓦尔拉斯法则是法国经济学者瓦尔拉斯（Leon Walras）提出的观点。在一个包括两个市场的经济社会中，若其中的一个市场有超额的需求，另一个市场必定会有等量的超额供给，商品市场将达到均衡。[1] 这项理论被应用于古典货币理论，并用作一般均衡分析的基础，认为在一个均衡的经济体系里，在任何一组财货价格下，各财货市场并非彼此独立，且市场上各种财货超额需求的价值总和为零，此恒等关系即为瓦尔拉斯法则。

这是新古典经济学分析经济体系达到均衡的核心假设，也是凯恩斯学派发展货币理论的基本假设。

让蒋硕杰注意到瓦尔拉斯法则的问题，是起于学者帕廷金（D. Patinkin）看了蒋硕杰在 1956 年写出的可贷资金理论论文后，以瓦尔拉斯法则为基础提出批评的一篇文章。蒋硕杰以流量观点为基础讨论可贷资金理论，将凯恩斯的流动性偏好等观念做了指正，引起了广泛的注意和好评。而帕廷金反驳的这篇文章认为，古典学派的可贷资金理论与凯恩斯学派的流动性偏好理论，其实

---

[1] 毛庆生（2011）. 引自 http://homepage.ntu.edu.tw/~mao/static_equilibrium.pdf.

在逻辑上是等值的。

帕廷金这篇文章让蒋硕杰警觉到瓦尔拉斯法则被经济学者误用的普遍现象，于是蒋硕杰写了一篇文章，澄清学者对瓦尔拉斯法则的一些错误观点。他说："（一些学者）以瓦尔拉斯法则作为基础认为，可贷资金理论与流动性偏好理论是一样的，两个理论各自去掉一个方程式，其实并没有什么不同。这真是误用了瓦尔拉斯法则。"[1]

蒋硕杰更关注的问题是，学者若将瓦尔拉斯法则的应用范围推广到货币经济，这是极危险的问题。主要是瓦尔拉斯的模型并没有清楚正确地表达货币功能，如果在货币经济中使用瓦尔拉斯法则，将忽略货币作为交易媒介的影响，反而高估货币的价值储存效果，因此交易或投资计划若采用瓦尔拉斯法则，则会带来错误后果。

蒋硕杰同意货币具有价值储存的功能，但本质上仍应是交易媒介。他认为，货币的定义就是被普遍接受的交易媒介，这些能在未来交换所需商品的货币被接受的状况，常常是被动且无规律的不可预期的行为函数。如果人们无法预期交易能银货两清，那么在进行下一次交易前，都必须持有一些货币。

于是，每个支出单位至少会为了短期（时间长短未必固定）的计划性支出，而合理地持有足够的现金，以避免在此期间内必须去面对不规则又无法预测的现金接收情况。"不规则"与

[1] 陈慈玉，莫寄屏．蒋硕杰先生访问纪录 [M]. 台北：远流出版社 .1995:101.

"无法预测"是人们需要货币作为交易媒介的主要原因。蒋硕杰认为，货币理论只能采用流量分析的观念，而不是以存量来决定，因为存量不但是流量的累积结果，而且也会受时间面向的影响。

在《现代货币理论中的存量分析与流量分析之比较》一文里，蒋硕杰在批评凯恩斯学派学者托宾（J. Tobin）的存量分析时表示：

他（托宾）首先放弃了原先的"时点"分析，而代之以他所谓的"时片"（a slice of time）分析。这表示他承认了我的批评，即在一个没有时间面向（time dimension）的时点内，不可能有任何存量调整（stock adjustments）发生；所以，在资产市场上，一切供需能在每一个时点内由不均衡而调整至均衡，是自相矛盾的。

也就是说，除非投资计划中商品从投资生产到交货，以及销售的时间都很短，否则企业家在交货前必须有维持运作的货币存量，但瓦尔拉斯法则却忽视了这一段。蒋硕杰在文章中批评凯恩斯：

他（凯恩斯）于是承认投资计划在尚未执行时就会引起一种特殊的对货币［或流动性（liquidity）］之需求。这项特殊的货币需求，他特别名之为"融资性的货币需求"（finance demand for liquidity）。

这里的“融资性的货币需求”，便是企业家在交货之前就需要持有以维持运作的货币量。[1]

就在蒋硕杰致力学术论述，逐步厘清时间、流量对于货币理论的影响，也积极往返中国台湾与美国间协助规划经济时，他的家庭却发生了重大变故。

---

[1] 黄春兴，干学平．蒋硕杰对奥地利学派自由经济思想的最后认同．引自网址：http://mx.nthu.edu.tw/~cshwang/austrian-economics/austrian-essays/austrian-essays-doc/Tsiang%20returns%20to%20Austrian.html.

女儿发生意外

蒋硕杰的3个女儿都是他于IMF工作的时期在华盛顿出生的，但蒋硕杰工作太过忙碌，在家中，夫妻两人扮演的是“父慈母严”的角色。马熙静回忆，大女儿蒋人和出生后，因为是长女，初为人母的她格外严格，“照规矩”养孩子，例如规定每四小时才喂奶一次，以至孩子因为饥饿啼哭，让蒋硕杰很是心疼。

3个女儿出生时，是蒋硕杰在IMF认真研究货币理论，以及对自由经济厘清定义的青壮年时期。这期间，他抽空返台休假，经人介绍，和尹仲容见面，向尹仲容建议，反对凯恩斯主义，而以市场价格机制、自由化为目标。他后来接受尹仲容邀请和刘大中共同规划利率和汇率自由化等政策。随后，蒋硕杰又转往学界任教，和其他院士与蒋中正进行了梨山会谈，当局对蒋硕杰倚重。

正在此时，蒋硕杰的家庭发生巨变。蒋硕杰次女蒋人隽，1978年时正好25岁，从康奈尔大学建筑系毕业后在纽约工作，存钱想到欧洲实习，看古建筑，经人介绍后，到比利时的安特卫普（Antwerp）借住在一个建筑师的家中。那是一栋大而古老的屋子，瓦斯炉装在屋内，蒋人隽入浴时门窗紧闭，发生了瓦斯中毒事件。她昏倒在浴室中，很久都没有被察觉，直到浴室的水流到楼下，才被人发现，赶紧送医。

马熙静回忆，当时夫妻两人赶到医院，女儿眼睛睁得大大的，却不能说话，也不认得人，只能靠氧气罩呼吸，直到一个多月后回到美国，智力退化到只认识母亲，行动不便，需要长期复健。

夫妻两人开始每天陪女儿走路、讲话的复健过程，女儿退化到只能用笔画直线，其基本生活能力要重新培养，马熙静便天天教孩子 ABC、加减乘除，这样的状况持续了两三年。为了女儿的复健顺利，马熙静于 1980 年带着孩子到纽约娜斯特中心（Rust Institute）进行复健，女儿在那儿学习大小事，甚至在厨房做家事，还学着做菜。马熙静说，当护理人员告诉她，女儿很会做菜时，她心里很高兴，但因为知道女儿在受伤前的操作能力，更感到心酸。

此时，蒋硕杰接受台湾当局请求，回台湾成立台湾“中华经济研究院”，夫妻便将女儿带回台北继续复健，让女儿学习一些简单的技能。在这期间，蒋硕杰一直希望将女儿带在身边，即使去世界各地讲学，也带着孩子。直到返回美国后不久，已经经过 4 年多的休养，蒋人隽主动提出想要到纽约短期住宿的计划，蒋硕杰心疼女儿，不放心她去，但太太很坚强，坚持要让女儿离开家，给孩子一个试验自己能力的机会，夫妻两人吵了一架，在忐忑不安中送女儿去了纽约。

马熙静陪着女儿到了纽约，花了一周时间带她认路，学习搭电车到医院复健，再学着回家。她离开女儿回去后，直到接到第一次孩子出门后顺利回家的电话，才算放下心来。

蒋硕杰实在太忙，马熙静得一肩挑起蒋家私人生活中的大小事务。台湾“中华经济研究院”的新人员进来，马熙静往往就会将其一起邀请到家中吃饭用餐，借此让先生也多认识新同人，员工彼此也能多了解。而在蒋硕杰晚年健康日渐走下坡时，马熙静更扮演全天看护的角色，陪伴相守多年的先生，直到蒋硕杰过世，她才回到美国，与孩子一起定居芝加哥。[1]

[1] 陈慈玉 , 莫寄屏 . 蒋硕杰先生访问纪录 [M]. 台北：远流出版社 .1995:194—199.

尽力为培养经济人才奔走

1945—1980年是台湾地区经济起飞发展的关键时期。蒋硕杰从20世纪50年代开始投入政策规划，这也是他最尽心力的时期，尹仲容等一群专业财经官员在当时大胆采用蒋硕杰与凯恩斯理论相反的政策，鼓励储蓄、调高利率、降低汇率、大力发展轻工业，台湾地区虽是大海中努力抵抗漩涡的小船，但在经济上却是欣欣向荣的一个经济开发体。

此时，中国大陆积极发展经济，台湾地区也逐渐认识到不能再采取封闭的态度，有了成立专责研究经济智库的想法。在女儿生病复健、学校工作不停的情况下，台湾当局征召蒋硕杰担任台湾“中华经济研究院”院长，他不愿辜负期望，仍然同意筹划台湾“中华经济研究院”的成立。若没有家人的支持，蒋硕杰万万不能毫无后顾之忧地担任这项工作。

第六章

成立台湾“中华经济研究院”

让于宗先佩服的是，从成立到开始运作，俞国华从来没有打过一通电话干预过台湾“中华经济研究院”的运作或是学术研究，有些研究员写文章批评俞国华，骂他，说他不活跃、太保守，但于宗先只记得，有次台湾“中华经济研究院”开董事会，俞国华笑着对他说：“宗先啊，你叫你朋友不要太骂我好不好？”

20 世纪 70 年代末期，中国开始了改革开放。这场经济改革，本质上是一场经济市场化的革命，带来了经济的快速发展。台湾当局也急需更多的人才，还需要对两岸状况深度理解的专家。

1965 年，台湾当局决定增加高职学生以应工业化需要。当时，经济事务主管部门负责人李国鼎兼任“台湾中央研究院中美科学学术合作委员会”副主任委员，更推动设立了物理（台湾清华大学）、数学（台湾大学）、化学（台湾大学）、生物（“台湾中央研究院”植物所）、工程科学（台湾交通大学及台湾成功大学）5 个中心，培养高级人才，提升台湾科研水平。

台湾经济突飞猛进，对经济人才的需求也越发殷切。依据科学合作方案，由院士刘大中规划、研究院筹办，中国台湾在 1969 年举行了第一次国际级的经济会议——中美学人经济发展讨论会议。

虽然台湾当局当时已经针对经济发展，有过多次咨询和小组的会议，但论及意义，这场会议攸关台湾地区的经济发展，有重要的象征地位。代表科学研究发展和经济政策擘画的“台湾中央研究院”院长王世杰和李国鼎联袂出席，刘大中、蒋硕杰、顾应昌、费景汉等多位经济院士也一起参加会议。这场会议后，他们与蒋中正进行梨山会谈，对台湾地区未来经济发展有重大的影响。

会议中，当局接受学者的建议，由研究院经济所成立博士班，培植经济人才，否则学生毕业后都去外面读书、留在美国，台湾地区人才非但不足，还严重外流。但因为经济所不具备招生资格，因此以台湾大学经济学系名义成立。随后台湾大学经济学系博士班在 1968 年成立，院士刘大中是成立委员之一。博士班成立暑期专班，蒋硕杰虽然当时已经在康奈尔大学教书，但依然在每年拨出寒暑假的时间回来讲学。

台泥辜振甫家族也于 1976 年出资成立台湾经济研究所（1989 年转型扩大成为现在的台湾经济研究院），聘任蒋硕杰担任所长，同样毕业于康奈尔大学的刘泰英从海关离职后，到台湾经济研究所担任副所长，协助处理相关行政事宜。

随着中国大陆经济的崛起，台湾当局决定成立一个类似财经政策的独立研究机构智库单位，作为经济计划的参考，以财团法人方式成立一家经济研究所，其下设两个研究小组，负责研究大陆经济以及全球经济，以大陆经济为主要研究对象。但后来有学者认为，即使已经有辜家成立的台湾经济研究所，但作为当局出资成立的研究机构，不研究台湾的经济，似乎说不过去，于是最后增加台湾经济研究部门，规模达到 3 个研究部门，也就是现在的台湾“中华经济研究院”前身的雏形。

当局派人到康奈尔大学和蒋硕杰联络，希望他筹备成立台湾

“中华经济研究院”。当时，蒋硕杰主要以美国大学教职为主，兼任台湾经济研究所所长，寒暑假还要回台湾大学经济学系的博士班教书，以及协助各研究机构的各项研究方案，时间实在不算充裕，必须要找一个人在台湾进行筹备工作，此时有人向他推荐于宗先。

蒋硕杰力邀于宗先参与筹备

1979年12月下旬，“台湾中央研究院”经济所举办有关台湾人力资源的会议，在会议的休息时间，蒋硕杰突然主动向于宗先提起：“我要筹备台湾‘中华经济研究院’的成立，希望你能来帮忙。”

于宗先当时没兴趣参与，蒋硕杰第一次邀请就碰了钉子。说起这段往事，于宗先说，他当时在“台湾中央研究院”经济所的工作很稳定，不想做这么累的工作，对当局事情也没兴趣。

蒋硕杰又请人第二次去找于宗先谈话，并亲自去找于宗先，希望他担任副处长。蒋硕杰的诚意和热情让于宗先非常犹豫，便写信给当时在香港教书的“台湾中央研究院”院士邢慕寰。邢慕寰是“台湾中央研究院”经济所的创办者，于宗先接替他的位子，邢慕寰又和蒋硕杰相熟，于宗先相信邢慕寰可以更清楚地做出考量。

1980年暑假，邢慕寰回台湾，找到于宗先，对他说：“宗先，你考虑考虑，你要接受这件事。”邢慕寰的分析是，台湾“中华经济研究院”成立后一定有钱、待遇高，就会挖角，“台湾中央研究院”经济所的人才是头号目标，到时，台湾“中华经济研究院”反而会向“台湾中央研究院”抢人才。“你去了，就保住了经济所。”

于宗先一听觉得很有道理，如果他去做副处长，就不会去拉“台湾中央研究院”的人，考虑到这个层面，他答应了。[1]

---

[1] 吴惠林，编．蒋硕杰先生悼念录[M]．台北：远流出版社．1995:151—153．作者在2001年访谈于宗先先生。

隔年，台湾“中华经济研究院”的筹办过程正式开始。为了找一个可以筹备和未来正式研究的办公地点，于宗先去找时任台湾地区货币政策机关主管的俞国华，他记得当时到俞国华办公室，大声对俞国华说：“要我来做可以，你答应我的条件就OK！你不答应我就不干。”

俞国华说：“好，你说。”

于宗先说：“第一，台湾‘中华经济研究院’的人事独立，你不能一年换一个人来当；第二，我们做学问的一定客观、公正、超然！你考虑考虑，我们做研究不能为当局政策背书，也不能为工商界说项，我们要好的形象，要看得长远。要接受的话，你就找我！”

俞国华没怎么考虑：“于宗先，我答应你！”于宗先当时还不太信，心想：“希望你将来不要违背诺言！”

但让于宗先佩服的是，俞国华从来没有打过一通电话干预过台湾“中华经济研究院”的运作或是学术研究，有些研究员写文章批评俞国华，骂他，说他不活跃、太保守，但于宗先只记得，有次台湾“中华经济研究院”开董事会，俞国华笑着对他说：“宗先啊，你叫你朋友不要太骂我好不好？”在威权年代，却只字不提要台湾“中华经济研究院”改变立场。

于宗先说，他过去和俞国华并没有什么接触，但慢慢了解后，就发现俞国华了不起的地方。他说，俞国华的政策和作为或许受到了各方抨击，但尊重学术研究的态度却让台湾“中华经济研究院”非常独立，这是他了不起的一面。

当时于宗先一方面是“台湾中央研究院”经济所所长，一方面是台湾“中华经济研究院”筹备处副处长，非常忙碌，什么资源也没有，台湾“中华经济研究院”筹备初期没有办公室，他又去找俞国华，俞国华要他去找当时的第一银行董事长梁国树，最后暂时在长安东路一段，即当时第一银行的总经理住所处落脚。

台湾“中华经济研究院”由大陆经济研究所开始，在蒋硕杰和于宗先两人的努力下，台湾“中华经济研究院”规模日渐扩大，一年多后就需要更大的空间，台湾“中华经济研究院”暂搬去现在的光复南路一栋办公大楼中，继续运营。

于宗先决定买地，并正式成立台湾“中华经济研究院”院区。他先看中台湾大学位于复兴南路的土地，但被台湾大学校长阎振兴拒绝，因为台湾大学内定在当地兴建法学院，阎振兴转而介绍于宗先去考察位于长兴街的现址，那里原本也是台湾大学要购买的预定地，但台湾大学当时没有经费，所以愿意让出购买权。考虑到和台湾大学接近，将来也有发展空间，于宗先当下敲定买下这块 3 000 平方米的土地。

这项大手笔采购，吓到了俞国华。他问：“以你们现在的规模，有必要花钱买这么大的地吗？”

于宗先振振有词：“台湾和其他地方不一样，‘研究’这件事不是跟你们银行一样，有一个大厅，大家坐在那里就可以的。一个研究员要一个研究室，如果学人短期居留呢？要不要给他空间？还有院长、董事长都要想办法找个位子和住宿的地方。”

拗不过于宗先，俞国华只好同意了。

买下这块土地，可说是台湾“中华经济研究院”最重要的投资，后来，台湾“中华经济研究院”业务和人力增长更快速，而且土地一路看涨，如果当时没有买地自建，现在台湾“中华经济研究院”光是租借研究地点的运营成本就相当惊人。

俞国华和不少官员一直不确定是否该花大钱买土地，原因无他，当时台湾地区的学术研究风气不盛，好的学生几乎都“去留学、去美国”，毕业后就留在美国工作，一开始，蒋硕杰建议直接找学校里的学者，但也怕得罪学校，因此决定直接从外面找快要拿到博士学位的学生，游说他们加入台湾“中华经济研究院”。1981 年，在台湾“中华经济研究院”筹备期间，于宗先亲自到美国做征才之旅，一路找人，极其辛苦。台湾的薪水太低，限制又多，于宗先感叹“找人真的难”。

培养经济学人才

于宗先在美国念完博士后决定回中国台湾，当时，他已经是台湾地区优秀的“海外学者”。他眼看很多学者回台湾晃过一圈，在学校教书几个月，半年后有了经验就离开台湾，内心不无感慨，大家都想追求高薪。他立志回台湾工作，一开始进“台湾中央研究院”做副研究员，每个月的薪水才新台币 2 200 元，跟外面怎么比？后来虽然加了薪，一路加到新台币 4 000 多元，但这跟外面还是不能比。

既然从外面找人不容易，就自己想办法培养人才吧！于宗先想。当年“台湾中央研究院”经济所有规定，若托福成绩好，可以去美国研究一年，等他到“台湾中央研究院”，觉得不够合理，又找“台湾中央研究院”修改规定，研究人员可以全薪出国念博士，“台湾中央研究院”院长钱思亮竟然答应了，这项政策让研究员无经济上的后顾之忧，用 4 年时间出国读博士。于宗先说，这个好处太大了，博士论文做完，按照“台湾中央研究院”原先的规定，还可以在外面进修一年，这对台湾的人才培养是大有益处的，这项策略也成为台湾“中华经济研究院”在后来培养人才的参考。[1]

蒋硕杰和学者赵冈、侯继明等人一起到台湾，共同参与台湾“中华经济研究院”的筹备工作。赵冈担任第一任大陆经济研

[1] 作者在 2011 年访谈于宗先先生。

1984 年 8 月 14 日主持台湾“中华经济研究院”迁入长兴街新址办公酒会

究所的所长，他是中国台湾与美国第一批交换学生之一，学术地位高，蒋硕杰延请他来成立大陆经济研究所。赵冈、侯继明等人在外面其实有极佳的发展机会，但蒋硕杰为了充实台湾“中华经济研究院”的人力储备，一面积极要求当局解除限制，让来台湾“中华经济研究院”进行研究的学者，可以不受薪资上限的限制；一面不断给自己的门生写信，希望他们不要留在美国，选择回来工作。赵冈后来还协助台湾清华大学成立经济学系和经济研究所，为台湾培养经济人才奉献了心力。

刚成立的台湾“中华经济研究院”，除了扮演对大陆经济发展的第一线观察角色，也扛起了训练经济人才的重任。于宗先笑说，他与蒋硕杰一个主外、一个主内，蒋硕杰因为还在美国教书，都是趁假期回来主持院内的学者讨论会，或是与大家讨论学术论文，以进修为主；而于宗先因为有主持“台湾中央研究院”经济所的经验，对外积极主导台湾“中华经济研究院”内部的研究成果以提供决策参考，并且处理行政工作。

台湾“中华经济研究院”仿效“台湾中央研究院”，用了最笨却最扎实的方法，一边研究，一边带着人训练，希望培养自己的专业研究员。四五年后，这些基层人员的素质达到了博士等级的研究水平，成为台湾学术界的生力军。

在艰难环境中研究大陆经济

虽然台湾“中华经济研究院”成立初期主要以研究大陆经济为优先目标，但是以两岸当时高度警戒的气氛，要取得大陆方面的研究资料，其实难之又难，不少研究人员都优先研究台湾经济，加上人才不够，一开始许多研究人员都是硕士。于宗先说，当时的气氛让大家都觉得研究大陆经济没有出路，文章没有人要登，加上待遇普通，也很难找到外面优秀的人才加入，以大陆经济研究为主的台湾“中华经济研究院”实在是难以为继。

没有大陆的各种数据资料，怎么办？当时情治单位会收集资料，例如每周都有收听广播的逐字逐句的记录，一周有一本档案，台湾“中华经济研究院”就想办法去跟情治单位要。

于宗先说，更麻烦的是不能买到大陆的书，台湾“中华经济研究院”图书馆想办法去香港买本书，都审得严严实实。一本书的管理机关包括国民党党部、警备事务管理部门等相关单位，每本书都是严格管理的，相关单位每半年到图书馆检查一次，看买的书还在不在，研究人员不能带走书籍，书里面前前后后盖满很多图章，可见“考核”多严密。

当时，研究人员只能在院内的图书馆看大陆的相关资料，于宗先实在受不了，终于对官员开骂了：“很无聊嘛！台湾自己自闭，你晓不晓得大陆的状况？要我们研究，你却给我们这么多限制，参考书不能拿回家看，都只能在图书馆里面看，这怎么行？”经过三四十次这种检查以后，情治单位终于放手了。

因为相关的文献资料缺乏，蒋硕杰和于宗先也铆足力，向各地学者搜集大陆相关资料。1 年多以后，台湾“中华经济研究院”终于建立起对大陆经济、贸易动向的实质了解，也能够提供相关参考，台湾“中华经济研究院”的大陆经济研究所，终于有了初步的成效。

筹备初期就参与的研究员吴惠林回忆当年的情况时用“幸福”两字形容。他说，当时的读书风气中，大家都希望去念理、工、医，毕业就想办法出去，最好是留在美国工作，这样就代表很有前途。大家不但不希望留在这里，想读经济学的人也不多。

吴惠林从学校取得硕士学位，就进入台湾“经建会”工作，在台湾“经建会”工作 4 年后，又想考试进修，但台湾“经建会”不同意他留职停薪去念书，刚好那时台湾“中华经济研究院”成立，于宗先找他去工作，吴惠林就正式提出申请，进入台湾“中华经济研究院”。

当时台湾“中华经济研究院”广招人才，让这批新学人“带职带薪”去进修，他们在台湾“中华经济研究院”做研究，不但受教育，也同时直接进行学术研究。

吴惠林说，台湾“中华经济研究院”有蒋硕杰和于宗先，本身就已经具备高知名度。蒋硕杰在当时是一个非常吸引人的“招牌”，透过他和台湾“中华经济研究院”，各校有名的老师来台湾“中华经济研究院”担任内部研究员的指导老师，蒋硕杰要求他们定时写作，并有专人指导，这几乎可说是让这些学人从基础开始，每天都互相讨论。蒋硕杰的名气，让天下豪杰都聚在台湾中华经济研究院。

在蒋硕杰的号召下，到台湾“中华经济研究院”协助带领做学问的学者很多，知名的《自由中国》半月刊社论主笔夏道平就是其中一人。

夏道平早在抗日战争时期，就加入当时中央民意机关的国民参政会，在会中认识了雷震。雷震在 1949 年创办《自由中国》半月刊后，经历了 11 年挑战威权的时光（在 1960 年 9 月被禁）。在当时“风雨如晦、鸡鸣不已”的气候下，夏道平决定专心讲学，不问政治，不发言论，在《自由中国》的 11 年间，他眼见当局控制金融的态度以及政治的紊乱，形成了他的自由经济理念，并且持续对其进行研究。

1957 年，夏道平的同乡向他推荐米塞斯（Ludwig von Mises）的《反资本主义心境》（*The Anti-capitalistic Mentality*）的摘要。米塞斯是奥地利经济学派的第三代宗师，主张从市场机制中体会自由主义。夏道平对此深感兴趣，决定继续研究。夏道平后来主动翻译了米塞斯的几本英文作品，包括知名的《人的行为》（*Human Action*），这是米塞斯理论体系的代表作；他也翻译了哈耶克的论文集，其中最精彩的是《个人主义与经济秩序》（*Individualism and Economic Order*）；还介绍了德国系统的自由经济学家洛卜克（W. Röpke）的《自由社会的经济学》（*Economics of Free Societies*）。

夏道平翻译了这些作品后，深切理解了自由主义，也笃定了他的自由经济理念，在蒋王论战期间，夏道平主动写信给蒋硕杰表示敬佩和支持，蒋硕杰也力邀夏道平到台湾“中华经济研究院”《经济前瞻》季刊（现已改为双月刊）担任编辑，深入地将自由经济的概念带入台湾“中华经济研究院”。1989 年，夏道平因身体原因离开台湾“中华经济研究院”，他带领研究员编纂了一系列的自由经济丛书，彰显了蒋硕杰在台湾“中华经济研究院”的影响力和地位。[1]

吴惠林说，蒋硕杰的名望太高，年轻研究员是以看待大师的崇拜眼光看待他的。而蒋硕杰通常很少说话，多让研究员跟在身边，参与他写作论文的过程。吴惠林说，例如，蒋硕杰会让他们去办公室，让他们协助帮忙进行论文所需数字的计算，最后，蒋硕杰会把报告交给他们看，研究员因此而得知自己所参与的部分。

蒋硕杰想要自己培养学者，就是有感于由经济学理引导而出的经济政策之影响重大，但有兴趣学习经济学的人并不踊跃，当时社会风气也弥漫着“天赋差的才去学经济”的说法，他认为这是中国的优秀经济学家远比其他科学家要少得多的原因。就连他自己在年轻时虽然时常受长辈或学长们的夸奖，但他们仍会说：“你的天资还不坏，为什么不学理工？去学经济学做什么？”而 20 世纪四五十年代的财经事务主管部门负责人也大都是理工出身，极少有学经济的。

蒋硕杰还特地向各个大学的学者和朋友请教，得到的最重要的原因是：“学经济学的人无论在什么地方，就业的机会都比较少，所以乖巧一点的学生都改学工商管理、会计或计算机等就业更加容易

---

[1] 吴惠林．金融风暴中缅怀自由经济导师夏道平——兼论自由经济、自由主义与个人主义[J]. 永丰金融季刊，2009.

的科目。”蒋硕杰觉得这是一件“很伤心”的事，因为一国青年只图一己温饱，而放弃国计民生的大学问，相当可叹！蒋硕杰认为经济学是一门非常入世的学问，由其形成的政策影响国计民生，若不幸实施错误政策，即恐怕不是“错误的政策比贪污更可怕”所能形容的了，因而他期盼一流人才进入这个领域研读。[1]

当时，蒋硕杰已经是蒋经国重要的经济咨询智库之一，经常为蒋经国提供参考建议。虽然这类经济咨询建议往往是以密件形式送出，但是在可行的范围内，蒋硕杰会将自己所写，以及对政策的批判与建议给年轻学者阅读，让他们了解自己的想法。吴惠林说，从这些文章中，他深切认识到蒋硕杰绝非单纯的只谈学术，而是以简单、深入的道理传授经世之道，其实蒋硕杰的概念就是反对干预、自由经济，这样简单的原则，几十年来总是被证明走在对的道路上。

吴惠林堪称蒋硕杰担任台湾“中华经济研究院”院长后最接近他的学生。1980 年，吴惠林初进台湾“中华经济研究院”，一开始就接触蒋硕杰的文章，除了能先阅读蒋硕杰送给决策者的建议及发表于媒体的作品外，他也负责将蒋硕杰以英文撰写的多篇关于政策的长文译成中文，或将摘要发表在报刊上。吴惠林说，一开始只要求能翻译出来，而他本人起初很排斥翻译这种“简单”的工作。但随着逐渐深入阅读蒋硕杰的文章，他自己也成为自由经济学派的支持者，从而影响了他未来学术研究的方向，这

[1] 吴惠林，编 . 蒋硕杰先生悼念录 [M]. 台北：远流出版社 . 1995:171—174.

夏道平、吴惠林与蒋硕杰（左二）合影

却是他在做这种“简单工作”时从未想到的。对吴惠林来说，在这期间接触蒋硕杰的言论和行为，他的自由经济思想与理念，也因蒋硕杰的言传身教而奠定，在反复阅读中，他不断感受蒋硕杰的微言大义。[1]

蒋硕杰不忘时时注意人才。他在一封写给侯继明的信中提道：

闻薛琦、许嘉栋都将参加本院工作，甚慰，唯何以未见陈师孟名字？是兄未邀彼抑彼自己不愿参加？此人为张舶公董事长极

[1] 作者于2011年访谈吴惠林先生。

赏识者，曾一再推荐于弟，彼乃故陈步雷先生之孙，为人品格极佳从不阿附任何人……关于国际经济专任人员，康大今夏有一学生可得博士返国，此人名江世珍（女），台大毕业，为公费留美者，成绩不坏……其夫为江新焕……将来亦愿返回服务……[1]

很多当前知名财经学者，如马凯、吴惠林、林全等人，都被延揽进入或参与台湾“中华经济研究院”，他们虽不都是所谓的自由学派，但学有专精，无论在哪里，他们都不乏很好的选择，但因为蒋硕杰的邀请，许多年轻学者回到台湾，充实了台湾的经济人才库，他们有些带职进修，有些是在海外学有所精，受到蒋硕杰的征召，愿意回来发展。

因为“蒋院长、蒋董事长”的名声，世界各地重要的经济学者络绎不绝地来到台湾“中华经济研究院”。蒋硕杰也经常制造机会，让台湾“中华经济研究院”的年轻学者向这些学者请教。副院长李诚回忆，他并非蒋硕杰的学生，跟蒋先生也不熟，刚到台湾“中华经济研究院”3 个月时，有一天，蒋硕杰的朋友、1993 年诺贝尔经济学奖得主之一福格尔（Robert Fogel）教授到台湾“中华经济研究院”拜访，蒋硕杰特地把李诚叫到办公室，要他和福格尔讨论经济发展的问题。

李诚心里觉得奇怪，按理来说，蒋硕杰是最清楚台湾经济奇迹过程的人了，“哪有我插嘴的余地”，但事后才知道，原来蒋硕

[1] 吴惠林，编 . 蒋硕杰先生悼念录 [M]. 台北：远流出版社 . 1995:229.

杰经常这样制造机会，让后进的台湾学者有机会目睹大师风采，向世界知名学者学习。以后李诚经常接待海外青年学者，这些学者大多希望参观蒋硕杰的办公室或在当时办公室外的巨幅字画前留影，让李诚感受到学者对蒋硕杰的仰慕，也使台湾“中华经济研究院”的国际声誉提高不少。[1]

蒋硕杰在规划成立台湾“中华经济研究院”时，并没有特地带上自己的人马，而是请台湾“中华经济研究院”为他安排一位秘书。担任他十多年秘书的吴郁美，就在筹备时加入了台湾“中华经济研究院”。他对学生亲切和善，对下属也从不疾言厉色。吴郁美回想首次见到蒋硕杰的情景，因为自己离开职场一阵子后重新回到工作环境中，有点紧张；而蒋硕杰又是一个“大人物”，外表严肃、态度拘谨、不苟言笑，使她觉得得时时“待命”，但她没想到蒋硕杰望之俨然，即之也温。她形容蒋硕杰有一种天生的气质，从不疾言厉色，但足以让周边的人感到要谨慎面对工作。她工作时常要帮蒋硕杰缮打英文信件或报告，除了单词不能有错外，编排格式的美观也很重要，多年下来，她也被训练得不敢掉以轻心。她说，万一犯错，往往蒋硕杰只说：“怎么会有这样的问题呢？”已足以让众人感到要更加注意。

蒋硕杰在外出差时，也会寄回当地的明信片给吴郁美，有空时也和她闲谈所到之处。他亲和的态度让吴郁美深深感动。要讲起这位老板的缺点，吴郁美笑说，应该就是“常常忘记要下班”。

---

[1] 吴惠林，编．蒋硕杰先生悼念录 [M]. 台北：远流出版社．1995:61.

蒋硕杰在思考问题或写作时，常常废寝忘食，错过用餐或下班时间，但台湾“中华经济研究院”办公室全采用中央空调，下班后就关闭，空气不流通，她常得提醒这位着迷于思考中的院长“记得要下班！”。[1]

[1] 作者于2011年访问吴郁美女士。

政策与学术的配合与互相修正

晚年的蒋硕杰从美国的教职退休，在台湾落地生根，一心一意为经济发展贡献心力，继续加强充实台湾“中华经济研究院”的人才，蒋硕杰总能放手让研究员就自己擅长的项目去发展，蒋硕杰一直强调的一件事，就是不认为学术性的研究和台湾“中华经济研究院”要常常处理的政策研究这两件事是有冲突的，认为研究员要把这两件事情做一个好的结合。现行的劳退新制，正是这种理论与实务互相辩证后的结果。

单骥在康奈尔大学进修时修过蒋硕杰的课，因为蒋硕杰的“征召”，毕业后完全不考虑其他教职，直接申请进入台湾“中华经济研究院”。他主攻劳工政策，和蒋硕杰的自由经济、货币理论学派的路数不同，但单骥却能感觉到“蒋老师”对他的领域并非毫不了解，甚至非常关心。

台湾“中华经济研究院”除了培养学术人才、进行学术研究外，也承担为当局提出建议或协助研究的责任。1984 年，单骥进入台湾“中华经济研究院”，承接了台湾劳工管理部门的一个案子。原来当时台湾所谓《劳动基准法》(简称《劳基法》)刚刚通过，对于雇主规定每月要提拨退休金到“台湾中央信托局”的专户，提拨率要怎么算，没有人知道。

例如，一个大企业，在现行的所谓《劳基法》下，雇主每一年要提拨退休金给员工。但对大企业来说，这么多的员工，最合理的提拨率该是多少却不清楚。

单骥说，这件事的复杂度是，企业内如果员工流动率很低，提拨率就会高；但有些员工流动率高的企业，工作时间满 15 年的 55 岁员工流动的概率很低，反而其提拨率相较于大企业要低。因为企业提拨到“台湾中央信托局”专户后是不能动用的，只能作为劳工退休或资遣之用，除非企业垮掉，清算后的余额才归企业所有，所以企业主都不会多提，避免增加成本。对这些企业主来说，有一个公式算出合理的提拨率很重要，台湾劳工管理部门担心企业因此排斥，所以委托台湾“中华经济研究院”研发一个可以为企业计算提拨率的公式，这件事就交到了单骥手上。

单骥发现，这是精算的问题，不是经济的问题，但他还是用精算的方法导出了公式，算是解了一个问题。这种政策的研究，跟他的学术研究其实并行不悖，台湾劳工管理部门后来开了很多研讨会去向企业推广这个公式，最终所谓《劳基法》终于顺利实施。

实务工作结束后，这项规定却引起了单骥的兴趣。他发现，这其实是对劳工、雇主、相关管理部门三方都不利的政策。对劳工来说，越是年长，雇主越是不愿雇用，因为资深年长者一加入，雇主不但要提拨固定基数，还要注意劳工的是不是快要退休了，得准备高额的退休金，雇用高龄劳工意愿当然降低，也影响了高龄劳工的就业率。对企业来说更是不公平，一个营运稳定的企业，员工流动率低，劳工可以合于规定领退休金的概率很高，结果雇主付出的退休金反而高。要提供这笔巨额的退休金，每月的提拨率就会很高。

但相对地，可能一个小公司，例如一个建筑公司，在各地盖房子，每有一个建设方案就成立一家公司，做好一个建设方案就结束营运，这种小公司可能游走在各地盖房子，但不用负担劳工的退休金，因为劳工根本不会做到退休。

单骥发现，这项规定居然是惩罚好公司，因为依法提拨退休金的成本很大，但不负责任的公司提拨率低；劳工的经验被漠视，雇主只注意到资深劳工的薪水很高，会请不起，干脆不请。这对有关部门来说也很伤脑筋，因为这堪称全世界最复杂的，没有谁敢这么设计，每家企业的提拨率不一样，好企业和投机的企业提拨率还有天壤之别，投机企业的提拨率几乎是零，但好企业、大企业却是高提拨率，为了审核这些企业是否好好依法提拨，或是回答企业的疑问，对管理部门来说，需要付出的行政成本实在太高。

这是一个有盲点的政策，单骥说，在实务上，他交出了公式，算出精准的提拨率，但在学理上却发现了问题，值得进行学术探讨。后来他写了不少文章讨论，甚至提出评论，他对照很多其他实践，发现没有谁会这样做、敢这样做。因此，单骥后来主张所谓《劳基法》一定要改，1985 年，他提出个人专户概念，不管是小公司还是大企业，不用再研究提拨率的问题，只要按照协定比例提拨退休金到个人专户中即可。人离开时，退休金随专户一起转移。

这项规定花了 20 年时间才扭转过来。2005 年，终于改采“劳退新制”，“个人退休金专户制”正式建立。不管劳工在哪个企业工作都没关系，雇主和劳工都可以提拨自己的退休金到专户中，这不再对劳工不利，而是中立的，也是有利的，任何人都有可能拿到自己的退休金，因为企业提拨的成本降低了，计算方式简化了，审核企业的行政成本也降低了。单骥说，这是一个政策和学术的结合，在这一点上，他算是跟随了蒋硕杰的精神指引。

原本单骥以为研究结束，提出全新的建议，也算完成了目标，不久后，蒋硕杰也向单骥要了这篇论文。他后来才知道，原来蒋硕杰将文章投到台湾新闻管理部门举办的一项论文比赛，事后没有得奖，蒋硕杰对单骥说：“没有关系，对方不识货！”得到老师的一句称许，单骥觉得比得奖更受专业的肯定。

单骥说，台湾“中华经济研究院”并不是象牙塔的学术机构，在蒋硕杰的鼓励下，反而是入世的研究单位，学者的研究并不是口号或空谈，是要确实能够解决当前的问题，而蒋硕杰和其他后续的接班者对研究者不设限、鼓励面对问题讨论的精神，让台湾“中华经济研究院”不断地有学术人才提供企业与当局精辟的建议。[1]

[1] 作者于2011年访问单骥先生。

在抨击中苦心经营台湾“中华经济研究院”

台湾“中华经济研究院”在成立的前10年过得相当辛苦。蒋硕杰原本希望能够成立一个像韩国经济企划院（Korean Development Institute, KDI）的机构，作为台湾地区的最高经济研究机构，可以进行各种财经计划，也可以解决各机构间的冲突与加强彼此的工作联系。但他感叹，台湾似乎并不希望哪一个学术机构的地位高、规模大，以免影响了当局的地位。[1]

在台湾“中华经济研究院”成立前后，各方都有反对意见。首先是经济不宽裕，台湾“中华经济研究院”的经费来自当局，但管理权限不高，加上学术机构不普遍，台湾人才不够，无法预期台湾“中华经济研究院”设立后的表现，唯恐这笔庞大支出无法有效利用，也因此掀起一股讨论的风潮，到底是否需要一个智库？而蒋硕杰坚持的超然、中立、客观，是否会使台湾“中华经济研究院”成为难以管控的一个单位？

于宗先回忆，他向台湾地区货币政策主管机关负责人俞国华争取经费，最后由当局和中美基金出资9亿台币，以及企业界捐款1亿台币作为台湾“中华经济研究院”的成立基金。这笔预算到台湾地区立法机构就先被当时的老民意代表打枪。原因很简单，他们认为，台湾“中华经济研究院”是为了俞国华退休后有处可去的“肥猫”缺，说什么也不能通过。

---

[1] 吴惠林，编．蒋硕杰先生悼念录[M]. 台北：远流出版社．1995:146—147.

于宗先只得一一请民意代表吃饭，说明台湾“中华经济研究院”的成立宗旨，并非为了安插高官设计的位置；又有民意代表抗议：“为什么台湾‘中华经济研究院’是第一个研究单位，却只有大陆所和国际所，没有台湾所？”于宗先从善如流，加设第三所台湾所。关关难过关关过，民意代表终于让步，通过了预算。[1]

台湾“中华经济研究院”成立约两年后，又爆发了蒋王论战，蒋硕杰独排众议坚持当局不应干预财经政策，甚至写文章公开批评企业的“五鬼搬运法”，一时间引发业界大反弹，更有舆论痛批蒋硕杰根本与台湾社会脱节，对台湾的批评也不够中肯。最重要的是，当时台湾“中华经济研究院”靠10亿台币基金孳息营运，外界认为台湾“中华经济研究院”院长带头炒高利率，增加台湾“中华经济研究院”经费，挞伐得更是厉害，面对外界反弹声浪，台湾“中华经济研究院”几乎被批评得一无是处。

在这期间，蒋硕杰一面为招募人才奔走，一面又很为难，以他的个性与口才，其实不适合与官员、民意代表打交道，以他主张“不应干涉经济、图利厂商”的立论，就免不了被台湾地区的财团、立法机构和舆论挞伐，这使他一直对于自己的工作感到很犹豫。他写信给学生侯继明时，提到自己很想在康奈尔大学退休后，专心经营台湾“中华经济研究院”，但“所不安者，为台湾地区立法机构之刁难耳”，他也很担心因为他的主张与企业界唱反调，导致台湾“中华经济研究院”运作不顺，在信中也向朋友

[1] 作者在2011年访谈于宗先先生。

打听，“最近舆论对本院之批评如何，台湾地区立法机构之敌意是否仍未消除”。[1]他心里念兹在兹的是担心自己的直言风格，会影响台湾“中华经济研究院”各项运作的细节。但就事论事，蒋硕杰的大炮风格依旧没改变。

蒋王论战时，面对批判蒋硕杰和台湾“中华经济研究院”的声浪，蒋硕杰内心苦闷，但吴惠林观察蒋硕杰，“对于批评他的话，他一个字都没提过”。在人前，蒋硕杰没有因为外界批判，对院内学者发脾气或是抱怨，甚至面色平静，看不出负面反应。即使在那段时间，蒋硕杰面临极大的身心煎熬，他也不愿意低头服软，而坚持不能用政治手段干预经济，但舆论的庞大压力让他身心俱疲。蒋硕杰曾写信给在香港的好友邢慕寰，表示有人要赶他下台，希望邢慕寰从香港返台，接替他担任台湾“中华经济研究院”院长的工作。邢慕寰立刻回信给他，一面安慰，一面晓以大义：“你既然开办了，你就有责任把它办好，其他的考虑都不重要。”蒋硕杰在朋友和当局的支持下，才继续在台湾“中华经济研究院”工作。[2]

蒋硕杰的风格让老民意代表不悦，而人才的养成需要时间，台湾“中华经济研究院”一时也无法表现出国际级研究机构的水平。1983 年 11 月底，台湾“中华经济研究院”在 3 个相关委员会联席会议上又被炮轰，强调虽然台湾“中华经济研究院”是台湾最大的

[1] 吴惠林，编 . 蒋硕杰先生悼念录 [M]. 台北：远流出版社 . 1995:220.
[2] 吴惠林，编 . 蒋硕杰先生悼念录 [M]. 台北：远流出版社 . 1995:96.

蒋硕杰和于宗先

经济研究机构，但在台湾经济转型阶段的两年时间内，台湾“中华经济研究院”只对部分国营事业提出诊断书，很少对经济决策提供信息。老民意代表抨击，以台湾“中华经济研究院”的组织人员和研究方向来评估，到底是否能发挥经济问题的咨询顾问功能？

于宗先当时回应指出，台湾“中华经济研究院”一开始只有50多名研究人员，但能独立做研究的只有20多人，还分在3个不同的所内，缺乏横向联系，对于当前经济问题难以集思广益，对症下药。以当时的时空背景来说，不少研究人员本身也还是台湾“中华经济研究院”培训中的人才，论文分析自然偏重理论探讨。于宗先深知此点，但也无法辩解。[1]

后来，蒋硕杰转任台湾“中华经济研究院”董事长，在台湾“中华经济研究院”十周年纪念时，他发表演讲，仍然重申他一贯反对干预、支持学术独立，以及强调自由经济和反对当局以任何政策干预的立场。他以“曲突徙薪无恩泽，焦头烂额为上客”的中国古语为例，坦言智库的工作是提出“曲突徙薪”的建议。

这句话出自《汉书 · 霍光传》。当时汉宣帝宠信大将军霍光之女，将其立为皇后，皇后极度骄奢，徐福上书，但汉宣帝拒听徐福谏言。直到后来皇后劣迹斑斑，检举的人太多，汉宣帝便杀了皇后，封赏建议制裁她的大臣。此时，大臣徐福向汉宣帝说了故事：“曾有邻人看见邻居的烟囱直直矗立，柴薪也靠得很近，便劝告他弯曲烟囱、移走柴薪，但邻居不听。过了不久，烟囱附近果然失火，左邻右舍前来灭火，焦头烂额，十分辛苦，这时，邻居大大感谢来救火的人，却忘了感谢当时建议他早点预防的邻人。”汉宣帝知道徐福的意思，便封赏了早已提醒他的徐福。

在台湾“中华经济研究院”成立十周年时，蒋硕杰认为，要检讨的是对台湾社会是否有贡献，是否对企业界提供了有价值的服务，是否扮演了智库的角色。如果答案不能十分肯定，就要检讨未来的发展方向。他说，台湾“中华经济研究院”可能会提出不中听的“曲突徙薪”的建议，但从台湾的发展方向来说，却需要有人来讲。[2]

---

[1] 作者在 2011 年访谈于宗先先生。

[2] 中华经济研究院十周年感言 [J]. 台湾《经济日报》，1991.

早建议加强两岸交流

台湾"中华经济研究院"成立的宗旨是研究大陆经济，蒋硕杰一直鼓励走两岸开放的道路。台湾地区在 2012 年才与大陆签订 ECFA[1]，但早在 30 多年前，蒋硕杰已经预见到两岸将来往来不会是问题。他认为，对于和大陆的往来，不用害怕，一般人多担心和大陆的商品交易量如果过大，未来会有所受制，一旦经济紧缩则会造成损失，或是依存度过高，但他认为这并非什么大问题。业者都会自行做调整和转换。

蒋硕杰认为，向大陆采购或将货物卖给大陆，都不必排拒，主要也是为了维持多方面的来源。此外，因为大陆对台湾地区的经济增长情况很清楚，也很钦佩，多会向台湾地区学习。这对双方来说，也都是有利的。

他甚至早已提倡"大中华经济圈"的构想，包括海峡两岸暨香港在内，应发展一个"可以共同发展的区域"。[2]

事实上，大陆也钦佩蒋硕杰的经济成就，加上当时正处于通货膨胀的风险中，甚至还传出当时的总理李鹏透过一位中间人，邀请蒋硕杰到大陆，并且希望能为大陆的通货膨胀问题提出治理对策。[3]不过也因为被报纸刊登后"见光死"，并未成行。每

---

[1] 海峡两岸经济合作框架协议。

[2] "大中华经济圈"构想 [J]. 台湾《经济日报》，1992.

[3] 学术机构掀起大陆热?!"中华经研院"全员分批实地考察：李鹏邀请蒋硕杰访问 [J]. 台湾《联合报》, 1989.

次“蒋硕杰要到大陆”的新闻都被做大，引发敏感的讨论，因此始终不得成行。他常被媒体问“院长何时到大陆”的问题，每次蒋硕杰总揶揄地说：“只要报纸不再把我前往大陆登成头条就可以。”[1]

于公于私，蒋硕杰都有去大陆的意愿。他成长在上海、北京，还有兄姐弟妹在大陆，加上大陆经济是一块亟待开发、了解的市场。但台湾当局要求他重新考虑到达大陆的时间，他也只得从善如流地延后，忍住思念家人和好友的感情。因为种种因素，蒋硕杰一直推迟去大陆的时间，直到 1991 年年底，他才以参加学术研讨会的方式，到海口参加会议；1992 年 5 月，他才正式到达北京，距离他离开北京到台湾工作，已经相隔 40 年以上。

不过，他和于宗先对台湾“中华经济研究院”研究员迟迟不能到大陆觉得不合道理，两人积极争取让研究员到大陆实际考察参访的机会。1988 年，由当时大陆研究所代所长李华夏等学者领军，到达大陆，搜集经济资料，并与相关单位联络，大陆也希望台湾“中华经济研究院”高阶研究人员多到大陆，可以提供更多的方便。蒋硕杰认为，两岸本就应该注重经济交流和学术交流，并且要互相参观学习，这样才能加强彼此的交流，并做到相互促进。

因为蒋硕杰的坚持，加上对大陆确实需要进一步了解认识，台湾“中华经济研究院”开始特地安排大陆研究所的所有研究人

[1] 名人赴大陆等量不齐观：蒋硕杰最怕成了头条新闻 [J]. 台湾《联合晚报》, 1989.

员分批前往大陆，李华夏说：“各经济学者都在讨论两岸经济问题，台湾学者常因为没有亲自去过大陆而处于劣势，加上对大陆信息的需求日益增长，研究员去大陆不但有助于经济发展，而且有其必要。而作为学者，如果蒋硕杰的理想和学说能被当政者接受，能为大家带来益处，那就没有道理不提出来，外界不应该以政治眼光看待。”[1]

1980 年 4 月到 1990 年 7 月的大约 10 年间，蒋硕杰担任台湾“中华经济研究院”院长，于宗先担任副院长；1990 年 8 月到 1993 年 7 月，蒋硕杰担任董事长，于宗先担任院长，两人密切合作了 13 年半，可以说是同甘共苦。外界有时认为他们两人在某些策略上看法不合，于宗先直言驳斥：“我与蒋先生合作，彼此再了解对方不过。”因为台湾“中华经济研究院”的预算来自基金孳息，拨款要经过台湾地区立法机构同意，民意代表们都必须参与质询，有些民意代表态度恶劣，蒋硕杰很受委屈，但因不善言辞，经常默默无言地承受，于宗先看在眼中，也替他觉得委屈，两人长久合作，早已建立了并肩战斗的深厚友谊。

蒋硕杰晚年因为身体不好，除了体力不佳，也有尿频的毛病，但他身为院长、董事长，常觉得出于礼貌应出面接待许多学者，也持续参加各项座谈会或研讨会，于宗先常劝他不用参加或减少参加，但蒋硕杰仍勉力而为，要于宗先不用在意他。于宗先说，在众人都积极争取长期留在美国发展时，蒋硕杰却一心想着

[1] 鼓励“大中华经济圈”构想 [J]. 台湾《经济日报》，1992.

回去服务，对台湾的经济发展做出了重大的贡献。

回顾创办台湾“中华经济研究院”的历程，到两人先后退休，直至蒋硕杰过世，于宗先说，他始终对蒋硕杰非常尊敬。当初，他们曾遭受挫折，但是从不灰心；他们即使被误解，也没有申辩过。因为两人深信只要努力不懈，就总有雨过天晴的时候。[1]

---

[1] 吴惠林，编 . 蒋硕杰先生悼念录 [M]. 台北：远流出版社 . 1995:152—153.

第七章

蒋王论战

凯恩斯理论非常“漂亮”并被广为接受和实践，不过，凯恩斯生前不但与经济学大师、1974 年诺贝尔经济学奖得主之一的哈耶克互相辩论，也曾受到 1976 年诺贝尔经济学奖得主弗里德曼的强力挑战。在 20 世纪 80 年代的台湾，也出现过类似的辩论，代表人物就是支持凯恩斯理论的台湾大学经济学系教授王作荣，与服膺自由经济理念的台湾“中华经济研究院”院长蒋硕杰，这就是名动一时的“蒋王论战”。

全球经济在2008年金融风暴后越发脆弱，金融风暴重创企业和全球经济，而2011年的金融问题则暴露了各国政府的债务和信用问题。无论是高杠杆的信用问题还是高负债等方面的问题，欧美发达国家不断中箭落马，20世纪以来过度使用凯恩斯理论的问题，逐渐凸显出来。

凯恩斯理论非常“漂亮”并被广为接受和实践，不过，凯恩斯生前不但与经济学大师、1974年诺贝尔经济学奖得主之一的哈耶克互相辩论，也曾受到1976年诺贝尔经济学奖得主弗里德曼的强力挑战。在20世纪80年代的台湾，也出现过类似的辩论，代表人物就是支持凯恩斯理论的台湾大学经济学系教授王作荣，与服膺自由经济理念的台湾“中华经济研究院”院长蒋硕杰，这就是名动一时的“蒋王论战”。

蒋硕杰极为坚持自由经济理念，从不吝为文辩论，以支持这个观念。他的文笔流畅、思路清晰、言语简明，能让人清楚地理解他的理念。1981年，蒋硕杰与王作荣通过报纸展开了一场辩论，这场辩

1981 年 4 月 30 日，弗里德曼教授于台湾大学学生活动中心演讲

论影响了台湾日后的经济走向，是台湾战后经济发展史上很重要的一次论战。当时有人形容这是一场“李斯特（干预）大战斯密（市场）”的辩论，或是“学院派与社论派之争”，这是台湾的经济学家公开讨论经济政策的开始，也是自由主义市场经济思潮进入台湾的开端，“蒋王论战”引发的纸上讨论，堪称蒋硕杰坚持毕生理念的证明。

1949 年后，蒋氏父子勇于起用专业人员，进行经济改革，力推开放政策，尹仲容等人的积极自由化，让台湾经济从 20 世纪 60 年代起急速起飞，造就了台湾的经济奇迹。但在 1973 年却碰到第一次石油危机，国际石油价格暴涨，造成了世界性的经济危机，影响产品外销，许多公司和工厂因而裁减员工，甚至停止营运，使经济建设受到重创。

眼看出口萎缩，当时的蒋经国提出以将近新台币 2 100 亿元的总经费进行“十大建设”，解决失业及内需不振的问题，更投资电力、交通、港口等基础设施，改善当时台湾建设的不足之处，也为钢铁及石化工业的投资提供了重要原料的来源，为后来的经济飞跃奠立了重要的基础。

不过，“十大建设”也受到不少负面的批评。有人就评论说，如果没有第一次石油危机同时爆发，这项政策的“排挤效果”及对过热经济的冲击，会对经济造成什么样的影响，是不可想象的。

台湾维持经济快速发展 20 多年后，逐渐累积了资本，加上“十大建设”刺激内需，经济表现持续交出亮丽的成绩单，但持续维持高速增长的目标，却是一大难题。大家颇为惊异台湾的发展，其“继续增长”几乎也是必然的“使命”。

这种“为增长而拼命刺激增长”和牺牲物价安定的心态，蒋硕杰深深不以为然。特别是在尹仲容过世后，各项管制措施仍然照旧实行，而台湾在“十大建设”后，又受到 1979 年开始的第二次石油危机的波及，全球经济衰退，台湾的经济也出现了同样的问题。

此时，不少经济学者又极力主张应该采取凯恩斯的理论，以维持增长为主。要抢救经济，必须放宽货币供给率，降低利率，以刺激企业投资和经济增长。

这派以台湾大学经济学系教授王作荣为代表，他们建议暂时放下物价稳定机制，先全力追求经济增长，摆脱衰退，再回头来改善社会贫富不均的状况。王作荣也是当时台湾《中国时报》的总主笔，曾是尹仲容的部下，是鼓励放宽货币供给量的最大推手，他强调此举可刺激当时已经低迷的经济。

但蒋硕杰眼看台湾物价蠢蠢欲动，又将重演多年前通货大量发行导致物价飞涨的通货膨胀现象。蒋硕杰认为，这个做法会造成社会的不稳定，资本家得利，贫富差距扩大，因而主张控制货币，以稳定经济为主要诉求。

事实上，蒋硕杰与王作荣的意见不合，早有蛛丝马迹可循。蒋硕杰在"台湾中央研究院"的访谈记录中提到，他在 1954 年与刘大中第一次回来，当时就向台湾当局建议，鼓励让利率和汇率自由化。因为当时当局干预汇率、压低利率，以维持新台币的高价，若能让双率自由反应市场需求，利率升高，台币汇率就会贬值。但也因为如此，蒋硕杰被误认为提倡高利率政策。当时，反对者都认为蒋硕杰和刘大中就是鼓励高利率政策，例如王师复教授以及他的朋友，后来的反对者也就是王作荣这一派。

蒋硕杰指出，虽然王作荣强调他过去是尹仲容的智囊，但尹仲容的作为却明显和王作荣的一贯主张不同。沈云龙后来为尹仲容写了年谱，张九如先生还写了序，其中就详述尹仲容采用蒋硕杰和刘大中的建议。而尹仲容在第二次被起用担任台湾银行董事长时，就着手提高利率、紧缩银根，这也和王作荣一向主张放宽货币供给和压低利率的做法完全不同。[1]

[1] 陈慈玉，莫寄屏．蒋硕杰先生访问纪录 [M]. 台北：远流出版社． 1995:91.

蒋王之争：货币流量观点的不同

1981年3月5日和6日，蒋硕杰鉴于当时"一些社论作家，认为我们如果放弃一些物价的稳定就可以更加速我们的经济增长，这是极错误的而且是极危险的看法，因为物价的稳定是经济快速增长的基本条件之一"，于是在台湾《中央日报》连续两天发表长文《稳定中求成长的经济政策》[1]，详述自己的理念。他的观点是，所谓稳定物价，并不是不准反映成本，而是有效地让产品反映成本，这反而可以阻止需求的不断膨胀，他甚至认为，如果生产成本反映在物价上，那么做一次性地上升，比不断地让物价上升来得好。[2]

蒋硕杰的长文有几个重点，包括控制货币年增率、推动利率自由化和反对降低利率。他主张为了让当年（1981年）的物价上涨率降到10%以下，应该将当年的货币供给增加率控制在10%，呼吁推动利率自由化，取消银行利率上限，以使资金走向生产性投资，使物价稳定与经济增长可以相辅相成。在此情况下，他认为不管是提高税率还是让利率升高，都可以消除财政赤字和金融赤字这两项通货膨胀的主因，因此都是正确的决定。

蒋硕杰举例指出，20世纪50年代，台湾的通货膨胀率在

---

[1] 标题名中的"成长"即"增长"之意。原书中有多处"成长"在此版中均改作"增长"，但标题名仍遵循原作。——编者注

[2] 环球经济社，编．经济政策大论战：王作荣大战蒋硕杰[M]．台北：商务印书馆．1984:9—11.

100%以上，台湾当局决定从当年 3 月，将月利率提高至 7%，折合年息 125%，大幅吸收存款，结果抑制了物价上涨，物价很快就稳定。蒋硕杰认为，有效运用利率政策可以抑制物价上涨，既能快速地稳定物价，也能降低市场的票券利率。

蒋硕杰在痛批凯恩斯学派的政策会造成经济环境的崩溃时，引经据典，他引述凯恩斯学派的学者论点，例如美国耶鲁大学教授托宾（1981 年诺贝尔经济学奖得主）的论点，指出长期通货膨胀不仅不会刺激投资，反而会使工商业界在生产方面的投资意愿降低，因为各国的税法设计会使得企业因为通货膨胀而使纸上财富反而成为被课税的重点，而连带伤了企业的老本。通货膨胀表示物价普遍高涨，这会造成民怨四起，而乱用管制手段控制物价，又会连带引起生产秩序大乱。

蒋硕杰仍主张让厂商涨足成本以反映物价现实，但配合利率自由化的政策，让利率走高，民众便可以安心将钱存入银行，市面上通货稳定，物价自然会趋于稳定，他驳斥“高利率会刺激物价上涨”以及“物价涨幅大时，提高存款利率对促进资金流入银行效果有限”的说法。蒋硕杰认为，1980 年是“艰难又充满机会”的，但一定要在稳定中不断求增长。

蒋经国和孙运璇在当时都强调以稳定为先，再求经济增长，孙运璇更表示，如果物价和经济增长不能兼得，“宁可牺牲经济增长以维持物价稳定”，当时的工商业界已经有缩紧经济发展的态度，蒋硕杰当时是最大智库之一的台湾“中华经济研究院”院长，代表智库的立场，他的说法自然让已经是“社论作者”的王作荣大为不满。

在台湾《中央日报》登出蒋硕杰的文章后，王作荣于1981年4月15日的台湾《中国时报》社论中，抨击了有关稳定中求增长的概念，"'一般人士'对这两位负责人所说的话的解释并不一致，我们深恐误解了上面的话，走上偏激之路，因而提出错误的政策误了台湾的前途"。接着在4月17日和18日的台湾《中央日报》上，王作荣发表了文章《经济学说与经济现实》。首先就抨击了蒋硕杰以货币控制为主要手段的策略，暗批"学说必须出自现实，也必须能适用于现实"。他指出，以收缩货币的手法，单独重用货币供应这味药，反而会使"滞胀"更为严重，他批评道，任何学说必须出自现实，也必须能适用于现实，否则"空说而已矣，不足贵，更不足取"。

王作荣强调，他毕生都不是哪一派的信徒，既非增长派，也非稳定派，只是在衡量台湾经济负荷能力后提出建议。

王作荣观察多年的经济学说变化，在文章中指出：

经济学说的流行就像女人的裙子一样，没有定数……第一次世界大战以后到20世纪30年代以前，货币数量学说多么伟大！连外汇都要有一个购买力平价说。殊不知30年代以后，凯恩斯理论更伟大，主要国家纷纷根据他的理论制定法案，而一流学者都要言必称凯恩斯，否则便不是第一流。60年代以后，又是货币数量学说的天下，言必称弗里德曼，否则便是一知半解。这些都是我亲眼见到的，可说是历尽沧桑。正因如此，我从不对任何学说认真，因为到我认真的时候，说不定风水已经转到另一边了。

他还认为：

将经济学说运用到经济现实上，既复杂，又危险，有句名言，“尽信书不如无书”，可说道尽了其中辛酸与愤慨。

王作荣侃侃而谈。对蒋硕杰坚持控制货币数量的概念（念兹在兹要消除金融赤字），王作荣则直指台湾当局在1949—1951年时，就是采用金融赤字，由台湾银行印钞票支持战后重建及电力、纺织等产业的发展，要是坚持货币数量说，电灯都不会亮，还谈什么经济奇迹。他认为，战后所有重要工业国家几乎都走这样的路。坚持货币数量说，这些国家就会因为贫穷而难以发展，所以要根据现实的需求，采用现实的办法。他认为，后来资金供应逐渐充裕，这种现象就自动消失，由此可知经济学说的产生和流行，都受经济现实的限制，没有经济现实支持的经济学说，都是空说。王作荣更是声称，货币供给的年增长率减到10%，听任利率随市场供需升降后，虽然可以稳定物价，却可能引起大幅度的经济衰退与大规模的失业。[1]

这场纸上辩论是台湾第一次有学者公开地讨论政策的利弊得

[1] 环球经济社，编．经济政策大论战：王作荣大战蒋硕杰[M]．台北：商务印书馆．1984:13—16.

失，更为后来十多年的货币政策定调。蒋硕杰强调的是，当局在经济活动中不应介入太多，但王作荣则强调应多介入。这两位既是“同乡”（均属湖北籍），又是个性固执的经济学家，在利率和货币政策上却持相反的意见，引发的辩论更是延续数年。

蒋王论战的论战重点在于利率以及货币供给量的观念。学者罗伯特森的“可贷资金理论”对蒋硕杰影响极深。可贷资金理论将利率视为可贷资金市场的价格，价格制定由市场供需力量自然决定；但王作荣认为，当时台湾经济陷于谷底，当局应该刺激厂商生产和民间投资，利率是厂商资金的生产成本，为了让民间投资意愿提高，当局应该增加货币供应量，让利率下降，以协助民间取得较低成本的资金继续发展。

蒋王之争引发经济政策的公开讨论

在王作荣的这篇文章刊出后，王、蒋两人的心结加深，已经到了指名叫阵的程度。1981 年 6 月 2 日，蒋硕杰再度以《货币理论与金融政策》为题在台湾《中国时报》刊登文章。这回蒋硕杰指明："鉴于王教授言论影响力之大，尤其鉴于他对本人的一切主张从来都是执相反意见，故不得不趁此机会将他的理论背景及他对历史的了解剖析一下，以追踪出我与他意见的分歧点。"

在这篇文章中，蒋硕杰批评王作荣虽然指出理论应以现实为根据的道理，但"他对史实的了解却并不是很正确"。蒋硕杰重新诠释货币数量学说的理念，并且对于王作荣引用日本在战后三四年间财务困窘时，采用金融赤字的方式、发行货币以振兴经济的做法，发表了自己的看法，他认为这是"饮鸩止渴"的政策，无法苟同。

蒋硕杰指出，如果银行体系实行赤字金融，以增加货币供给的方式放款给企业界，就等于注射一股新增的水流到企业界投资支出的洪流里，这股洪流原本是一个把收入变为支出的循环，水量稳定，但如果银行当局不断地将水灌注到这个循环中，洪流的水位怎么可能会不增高呢？这也是通货膨胀的基本性质，原理其实很简单。

蒋硕杰为人木讷，但所写文章用字犀利，他能在英国重批凯恩斯学派的门徒，甚至纠正凯恩斯学派的错误，在社论或论述中，自然也不会客气。文末，他以"最后的几句忠言"作为结语，狠狠地回敬了王作荣：

王教授以文笔之雄肆驰名于当代台湾。听说已故的梁寒操先生曾经在报上读了王教授的大作，大为激赏。立刻自动挥毫写了一副对联奉送王教授，其中有“辣手著文章”之类的赞语。我对于王教授的文章也同样钦佩，但是我不能不提出一句忠告，就是经济学的文章和其他科学性的文章一样，不是光凭一双手——不管它是“辣手”也好，“妙手”也好——就可以一挥而就的。它也需要用用脑筋将理论与事实搞清楚之后才可以动笔。在一个销售上百万份的报纸上发表一篇政策性的文章，是要对民众与历史有所交代的。

大约两千年前，汉朝有一儒生贾让，他的文笔之佳妙至少不亚于王教授。他曾写了一篇《治河议》，就文笔而论确是一篇值得传诵至今的好文章。我自己在中学念书时也曾诵读过。可惜他对于水利学及黄河的水文资料都没有研究清楚。因此，他所建议的所谓上策，即“不与河争尺寸之地”，将现有的河堤决开，让黄河舒舒畅畅、从从容容地流入海去的策略，是不可行而有害的。他的文章越写得动听，流传得越广越久，危害也越大。我希望我们为报纸写文章的人都能各自警惕，不要做当代的贾让才好。[1]

蒋硕杰文章针针见血，批判王作荣信奉的是“野狐禅”（意

[1] 环球经济社，编．经济政策大论战：王作荣大战蒋硕杰 [M]．台北：商务印书馆．1984:19—20.

指妖魔鬼怪惑乱人间）。这段话直指对方误导政策，甚至可能蠹政害民，用词不可说不重，充分表现出蒋硕杰直言真话的一面。王作荣也不客气，于 1981 年 6 月 5 日马上回敬一篇《敬答蒋硕杰先生》，直批蒋硕杰也是书生论政、牵强附会，不顾经济现实，只会照书本讲道理。

对于蒋硕杰的言论，邢慕寰院士表示：

凡是了解蒋先生的人，都知道他的使命感很强，责任心很重。因此，他谈起问题来，总是一板一眼，对任何人都不假以辞色。在他看来，朋友归朋友，道理归道理，分得清清楚楚。[1]

王作荣回应批驳的炮火更是猛烈，蒋王论战引发了台湾学者和媒体的热烈讨论。从 1981 年 3 月初到 9 月底，除了台湾“中华经济研究院”举办了辩论会讨论财经政策的走向，连报纸的社论都跟着长篇大论进行论战，在此期间，所有主要媒体几乎每隔几天就有一篇社论，热烈讨论到底是坚持“稳定中求增长”的经济政策还是“增长中求稳定”的经济政策，以及在当前经济情势下的货币政策应当如何施行。还有专家透过报端进行小规模的论辩，更有以“李斯特（德国保护主义）大战斯密（英国自由主义）”形容两方的立场，短短几月，竟有数十篇的社论与学者文章，讨论相关的经济学主张。

王作荣所持的论点惹恼了蒋硕杰，媒体的舆论也多半支持王

[1]　吴惠林，编．蒋硕杰先生悼念录 [M]. 台北：远流出版社．1995:231.

作荣，认为在当时经济开始衰退的情况下，若走自由化路线，不加以干涉，反而会让企业感到焦虑，当局应该要有短期的作为。也有舆论将蒋硕杰提倡的“市场决定利率”解释为“高利率”，认为蒋硕杰与工商界为敌；更有人质疑，蒋硕杰“主张高利率”，是因为台湾“中华经济研究院”的运作经费，仰赖台湾“中华经济研究院”基金的孳息。蒋硕杰一再强调自己坚守市场利率，不是高利率，但舆论仍一面倒地倾向“修理”蒋硕杰。

当时，担任台湾经济研究所所长的费景汉希望作调解人。1981 年 7 月底，他曾在台湾工商协进会以“通货膨胀理论与政策之检讨”为题发表演讲，他指出，蒋、王两人的辩论充满火气，是经济学派的传统学派和凯恩斯学派在台湾开辟的“第二次世界大战战场”，他们的论战看似只是讨论通货膨胀的理论和政策，但实际上非常复杂，是逐步建立适合本土的控制通货膨胀的理论体系的开始。[1]

费景汉想说和两人，但火气已经上来的两人均不领情，这篇文章反而掀起了新的笔战，王作荣看到演讲文后，立刻投稿到台湾《中国时报》，认为费景汉是属于台湾“中华经济研究院”系统的人，费景汉等人的文章的特点是对他的立论故意扭曲和误解，“意气有余、学力不足”，并且指费景汉“捏造及栽诬、有意曲解”，费景汉自然也很不高兴。

---

[1] 环球经济社，编．经济政策大论战：王作荣大战蒋硕杰 [M]. 台北：商务印书馆．1984:73—76.

费景汉说，当时的企业人士听到蒋硕杰强调要控制货币数量、恢复自然利率时，不认为利率就是成本的观念，当然觉得蒋硕杰是“乌鸦叫”；王作荣所持有的低利率、降低失业，利率会提高企业成本、降低外销能力的观点，字字句句打进企业心坎，自然觉得是喜鹊的声音。但他预测，20 世纪 90 年代，台湾当局就会逐渐重视自然利率，调节资金供需，并且在产业结构方面，也一定会降低台湾地区公营事业的比重，希望其融资商业化，降低其要求台湾地区货币政策管理机关放款的压力，台湾当局势必会逐步解除保护和管制措施。

媒体对蒋硕杰的抨击

即使有费景汉的声援，王作荣的炮火依然很猛烈，工商界也因为经济不景气，出口不易的困境，一面倒地批评蒋硕杰，连媒体都专文批评蒋硕杰是学者心态。例如，台湾《联合报》特地以社论讨论“百分之十的货币数量增加率”，认为蒋硕杰提倡控制货币数量和银行利率自由化，除非是在市场和制度干扰都不存在的情况下，才会使政策和理论都很完美，但实情却不尽如此。

台湾《联合报》提出三个问题，对蒋硕杰的“百分之十”理论表示怀疑，认为蒋硕杰判断的台湾未来的经济增长率将以6.7%以下为正常状态——但此时正在推动“十年经建计划”，平均每年经济增长率将在8%以上——是低估了台湾经济增长的目标。此外，社论也怀疑，即使货币的年增长率在10%以下，是否能够马上降低物价上涨的压力。而在此之前，去年（1980年）的货币增加率近20%，今年（1981年）1月接近30%，如果要快速收回降到10%以下，势必会让经济严重衰退。[1]台湾《经济日报》更直批蒋硕杰“多年来一直就是引起甚多争议的学者”。

蒋、王两人对经济发展的论点原本就是相反的。1961年，日本开始大力发展造船、机械、钢铁、汽车等重工业，产品迅速销到国外，王作荣极力主张台湾也应该匀出一部分资源，发展重工业，但蒋硕杰与刘大中则是“重轻轻重”的主张，认为应该先发

[1] 论百分之十的货币增加数量[J].台湾《联合报》, 1981.

展劳动密集型工业与手工业，以积累资本。

台湾当局全面接受蒋硕杰和刘大中的意见，让王作荣极为无奈。他气愤地指出，刘大中曾在他的领导面前批评他“不懂经济学”，后来阻止他进入台湾经合会。王作荣指出，到了 1961 年，台湾开始有了要发展技术密集产业的声音，连蒋硕杰也觉得该发展重工业，但时间已隔 20 年。王作荣感叹：“当年是蒋教授胜利，现在是我胜利，时间相隔 20 年，很惨，然而很惨的又岂是我个人。”[1]

在这种状况下，蒋硕杰还是觉得要把话讲清楚。第二波蒋王论战，又在隔年开火。

[1] 环球经济社，编．经济政策大论战：王作荣大战蒋硕杰 [M]. 台北：商务印书馆．1984:21—24.

再度放宽货币，蒋王之争再起

1982 年，全球经济动荡，中国台湾的产品以出口到美国为主，但石油危机让西方工业国陷入危机，美国也不能例外，这也导致以出口为导向的台湾经济又面临挑战。同年 4 月，当局为了挽救经济危机，发布《纾解当前工商业困难措施》，宣布将降低利率、汇率，并提高货币供给率的“三率政策”，以刺激经济。

蒋硕杰对于再度以增加货币发行来刺激经济的方式，仍觉得非常不妥。1982 年 6 月，他从美国返回，马上再度写信给孙运璇，提出财经政策建议，在金融、财税、资源分配方面提出看法，特别是在金融方面，蒋硕杰十分坚持要以稳定物价为主要目标，并且认为货币政策管理机关应该严格控制货币供应量，要以“成为负责控制通胀的专业银行”为目标，开放设立新银行，减少对银行的限制。他对于以降低利率的方式纾解工商界困难的主张大表反对，也反对以贬值来刺激出口，认为效果有限。

有了前一年的蒋王论战，蒋硕杰的论点在当时又被视为货币学派的主张，一味地要求控制货币的供给量，现在还要求将货币政策管理机关限定为控制通货膨胀的专业银行，减少融通资金的任务，将其功能降低，还把通货膨胀视为常态现象，媒体与学者不但质疑蒋硕杰对经济是否了解，还认为他违背了货币政策管理机关的独立性。

蒋硕杰主张以高利率的方式维持资金的正当利用，并且认为银行不肯放贷给中小企业导致这些企业只能向黑市或外商银行借钱，因此建议增加银行数量，并且减少限制，但这显然并不为当时社会所喜。货币政策管理机关仍持续扮演释放资金以刺激经济复苏的角色，6月底时，又宣布降低存款准备率，此举大受工商业者好评，连学者也认为未来几个月货币供给数额会快速增加，有助于协助工商业突破困境。但蒋硕杰更加忧心，经济衰退是因为外部需求量减少、订单减少造成的，但增加货币供给只会刺激消费，拉高物价，对解决经济不振没有帮助，他认为货币政策管理机关是受不了压力才降低存款准备率的。

1982年7月17日到19日，蒋硕杰在台湾《中央日报》再度发表《纾解工商业困境及恢复景气途径之商榷》，这篇文章对于某些当权学者建议采取凯恩斯理论表示批评，建议大幅提高货币供给年度增长率，尽量以低利率贷款大量的供应资金给工商业的态度：

> 假使有人既不从事生产或服务，又不肯以适当的代价向人告贷，而私自制造一批货币，拿到市上来购买商品，那就等于凭空将别人的生产成果攫夺一部分去了一样。这不是和窃盗行为一样么？而且这窃盗行为是极神秘而不露痕迹的，它能够不启人门户，不破人箱笼，而叫人失去财物。吾人不妨戏称之为“五鬼搬运法”。

这种法术，曾被费景汉教授称为“凯恩斯的魔法”。这一次，蒋硕杰用上更严重的字句，就是他知名的“五鬼搬运法”理论。

他直言纾困措施无异于窃盗和诈欺，并且置社会的公平和正义于不顾。蒋硕杰认为，台湾企业家大多享受“五鬼搬运法”的银行大戒护，是“今之邓通”，他主张由自由市场决定企业的未来走向，不必纾解工商业的困难，因为受济者往往是大亨：

现代的邓通们聪明得多了。他们不向当局要求私印钞票的特权，而只怂恿银行去大批增加货币供给，用极低的利率来贷款给他们，由他们去使用以购取财货。其结果也同样能以非从事生产所获的新制货币来攫取别人生产的成果，而他们却不必承担了犯刑法的罪名。他们一笔低利贷款，往往就远远超过汉朝邓通一辈子可能铸造的钱。至于他们因此积欠银行的负债，他们另有一套“金蝉脱壳之法”来解脱。

他疾呼：

我们似乎大可不必效颦汉文帝之救济邓通吧！

他重炮批评，结语说：

今后若再出现有人大声疾呼“我们的老板出口生意不赚钱了，怎么还不大大增加货币供给，低利贷放给他们”时，读者应该知道这类的呼吁，等于说“为何不大大施展五鬼搬运法，替他们搬运一些财物送去”。

蒋硕杰仍基于可贷资金的理论，驳斥企业界这种大力鼓励当局多印钞救市，却是将债务留给社会的观念。“五鬼搬运法”的英文是“a devilish kind of act of burglary”，蒋硕杰将“devilish”翻译为“鬼”，形容这难以理解的盗窃手法。他以最简单的概念解释反对货币增加的理由：银行的行为应该是中介行为，有人拿出储蓄借给别人，就由银行做中介人，转给要投资的人。如果没有真正的储蓄，就不应该自己制造货币，让投资人当作有真正的储蓄来投资，结果拿这些制造出来的钱到市场上去抢购物资，就等于银行把偷来、抢来的东西借给人家一样。

蒋硕杰批评王作荣等人是缺乏理论与事实基础根据的御用文人，为财团牟利，让银行以通货膨胀的方式施展金蝉脱壳的手法，假借投资之名，将资金融通给工商业者，但当资本家无法还款时，银行的呆账又通过征税来打消，反而造成贫富差距扩大。王作荣则批评蒋硕杰是死抱学术理论的书呆子，“为德不卒”，是台湾经济的大灾难。

蒋硕杰的说法不但引发王作荣与报纸“社论派”的经济学者的围剿，也惹恼了许多业者，他们要求蒋硕杰说清楚台湾“中华经济研究院”的资金是否得利于他所提倡的“高利率”。在那段时间，蒋硕杰所面对的压力可说是排山倒海而来，包括台湾《联合报》、台湾《工商时报》、台湾《经济日报》等主要媒体，它们几乎每隔几天就以大篇报道、社论加以批评，台湾《联合报》更以社论痛批蒋硕杰提出“五鬼搬运法”伤害他人，对企业来说不公平。

1982 年 7 月 19 日，台湾《联合报》特地以专栏“黑白集”

刊登标题为“蒋议骂街”的文章，表示在看过蒋硕杰的上述两篇文章后，几乎不相信文章出自蒋硕杰之手，因为说法不可思议。台湾《联合报》直批蒋硕杰将企业家贬低为享受“五鬼搬运法”的银行大借户，还贬低媒体，认为当前的经济困难都由报纸渲染，报纸社论呼吁放宽贷款，降低利率，纾解工商界困难，都是受“他们的老板们”的利益鼓励，是工商界的“御用文人”。

末段提出疑问，蒋硕杰“何以如此憎恨企业家和学者同行，也何以要如此污蔑舆论界”。“拿了9亿台币的经费去研究经济，难道这就是你所做的贡献？如果有人问你，你是谁的御用文人，你又怎样回答？”这也显示出舆论界对于直言的蒋硕杰，也是忍无可忍地“骂”了起来。

当时，媒体对蒋、王两人的辩论极感兴趣，热衷于参与讨论经济未来的方向，为了这篇文章，台湾《中国时报》与台湾《工商时报》举办了一项以“五鬼搬运”为题的大辩论。辩论的一方是以蒋硕杰、费景汉为首的经济学者；另一方是由王作荣为首的经济学者，外加王永庆为首的企业代表。当时，台湾电视台对这场大辩论做了实况转播。王永庆起初静静地听对方讲，没多久，轮到他讲，他越讲越激动，越讲火气越大，讲完话后拂袖而去。

王永庆当场不给蒋硕杰面子，其他企业家的态度自然也好不到哪里去，加上媒体三天两头的报道，几乎逼得蒋硕杰下台。

当时的环境，民众没有耐心等待长远规划立即出现的效应。蒋硕杰说，有些人投资股票，非要让货币政策管理机关增加货币供给，让股票一年涨三四倍，但其实股票市场应该是为了让民众把真正的储蓄借给企业，而不是预期一年有100%、200%的利润，真正的工业哪里能产生这么大的利润？民众应该习惯一年是10%、20%的利润。他形容自己的文章是碰翻了一窝“黄蜂”，主张以通货膨胀帮企业家发财的人都来围剿他，但“如果觉得我不对，尽管质疑，他们再围剿，我也不怕”，他非常坚定地认为“五鬼搬运法”就是企业的窃盗行为。[1]

对于蒋硕杰的笔伐，企业界和媒体不断进行讨论，光是研讨会就开了很多次。但当时的学者多认为，蒋硕杰认识现实不够，当局应该要在影响中国台湾经济的全球经济衰退来临时，有弹性地私人配合，由于太过于强调在增长与稳定间做出选择，结果选择了偏重稳定，却牺牲了经济增长。

而企业家更是率性指责当局太过听信某些学者的言论，为了安定而控制通货发行，坚持紧缩原则，导致实际货币供给增长率不如实际的经济增长率，金融界协助产业界增长的功能丧失殆尽。工商业仍然期盼较低利率和较多的融资，以渡过难关。对于学者扭曲工商业的形象，他们觉得很委屈。[2]

这一波笔战又延烧了数月。1982年9月5日，政论家夏道平于台湾《中央时报》发表《讨论经济问题应有的共识》，对蒋王论战做出了一个客观评论，他认为要有意义地讨论问题，参与者除了须具备最基本条件外，还要对所讨论的问题本身有一些基本的

---

[1] 陈慈玉，莫寄屏．蒋硕杰先生访问纪录[M]. 台北：远流出版社．1995:127.

[2] 经济问题，大家谈[J]. 台湾《经济日报》，1982.

共识，最基本的条件包括具备共同价值判断和纯粹的逻辑思考，就市场法则、货币纪律、长期和短期观点，以及理论与事实四点达成共识。这虽然没有起多大作用，但也稍解蒋硕杰的寂寞苦闷、孤军奋战的心情。

在为期将近两年的蒋王辩论以及各方的讨论中，虽然台湾当局仍尊重蒋硕杰的意见，他也秉持“虽千万人吾往矣”的态度，一心导正社会上的错误观念，但天天饱受围剿，心情也很苦闷。所幸在这段时间，他并非毫无声援，蒋硕杰在这时认识素昧平生的夏道平，两人先以信件交流，后来成了莫逆好友。

夏道平正是与雷震于 1949 年 11 月在台北创办《自由中国》半月刊的核心人物之一，夏道平在该刊上发表了相当多的文章，《自由中国》总共出刊 249 期，社论共有 429 篇，其中 116 篇出自夏道平之手，还有不少以夏道平本名或笔名写作和翻译的作品。他因阅读了知名的经济学家、现代自由主义运动的主要影响人物米塞斯（Ludwig von Mises）的作品，所以也接触了哈耶克等知名学者的理论，并将其作品翻译成中文。

1960 年 9 月，《自由中国》半月刊被禁，此后，夏道平专心阅读与翻译哈耶克的著作，不再针对政治公开发言，转而在不少学校教授经济学等相关科目。他积极支持自由经济理念，反对以管制和调控的方式运行经济。在看到蒋硕杰的文章《稳定中求成长的经济政策》时，他顿觉遇到知音，很想写信向蒋致意，只是当时没有实际动手。

不过，当夏道平再次读到《货币理论与金融政策》时，他对蒋硕杰充满敬意，立刻写信表示支持。他在信中说道：

通货膨胀之危害好像大都读到一点，可是真的懂得它的深远影响的人太少了，懂得它的基本原因的人也太少……如果没有货币供给（M_1，即狭义的货币）的增加，什么名称的通货膨胀都说不上，这个简单的道理竟为一般的经济学家所不解！

你前后的两篇大作，应该对台湾的经济舆论有消毒的作用，可是照你今天的文章所提到的，结果竟相反。这真叫人为台湾的经济前途担忧，可是我又可引为庆幸的，作为台湾中华经济研究院的院长有义务负起经济学教育的责任来……

……目前有许许多多的所谓经济学者，不重视经济理论，不知道理论的重要性，不从理论上扎根就轻率地谈政策。而其所谓政策，也就流于江湖郎中的处方了。这确实危险。但是这些处方偏偏会投合病人的所好。因为那是些可以止痛的“吗啡”，或可以解渴的“鸩”。最叫人奇怪的是，经济学家竟可漠视市场法则，竟可唾弃货币纪律！

夏道平将自己所翻译的书寄给蒋硕杰，蒋硕杰十分感动，立刻回信，也期待夏道平能够多发表文章，驳斥“滥竽充数之经济学家在报端发表之言伪而辩之文章，此辈猖獗是因行家过于沉默不以痛击”。[1]

---

[1] 吴惠林，编．蒋硕杰先生悼念录 [M]. 台北：远流出版社．1995:221—225.

从两人的书信往返中可以看出，蒋硕杰对于一些舆论和工商业者积极施压放宽货币管制、降低利率，用看似有效的猛药瘫痪台湾经济非常厌恶。由于两人志同道合，蒋硕杰后来邀请夏道平从教职退休后，到台湾“中华经济研究院”担任特约研究员，指导后进的助理研究人员深入了解经济学的意义，以及撰写对当前经济政策的建议文章。

另一位对蒋硕杰默默支持的，是年长蒋硕杰20多岁，且曾为台湾“中华经济研究院”成立奔走甚多的台湾“中华经济研究院”第一任董事长张兹闿先生。张兹闿喜欢与年轻学者交往，听取他们的新的学术观念。有趣的是，张兹闿也曾在伦敦政经学院留学，并且师从凯恩斯门下的萨亚尔（Sayar），并且萨亚尔对张兹闿表示，“反对凯恩斯的老朽，都不必费工夫研究，此书（指萨亚尔当时的一本著作）一出，那些人都被淘汰了”。张兹闿也服膺凯恩斯学派，因此对张、蒋两人在经济学的看法上，蒋硕杰的形容是“大相径庭”，但后来对蒋硕杰主张反对凯恩斯的理念深入理解后，张兹闿觉得有理，还表示“略有同感”，两人的友谊因此越发深厚。

张兹闿眼看蒋硕杰和费景汉饱受围剿，甚为不平，也难缄默。由于费景汉在蒋王论战时刚好辞去台湾经济研究所所长的职务，更让许多媒体的社论和报道认为这是因为他们的观点有误，进而大批蒋硕杰的言论过气。

蒋硕杰当时已经返回康奈尔大学继续教书，张兹闿写信给蒋硕杰，安慰他不需在意，并强调“我一定要说一句公道话”。不久后，张兹闿便在台湾《中央日报》上发表作品《君子和而不同——我所知道的蒋硕杰先生》，文章中对蒋硕杰多处赞美，认为蒋硕杰秉性温和，但不轻易苟同他人的看法；并以长辈身份，提倡君子应有“和而不同”的风度和雅量。[1]

这篇文章之后，众声喧哗暂告一段落，蒋硕杰也得以继续教书，推动台湾“中华经济研究院”的工作。

蒋王论战所争论的是货币的概念，蒋硕杰毕生也就是在捍卫“货币的本质”，紧守“货币为交易媒介”，要各国严控货币数量。蒋硕杰始终坚持货币是“流量”而非“存量”的基本观念。他不止一次表示自己的观点并非提倡高利率，而是主张决策当局应该控制货币供给额，将利率与汇率交由市场供需决定，因为货币或资金都可被当作一种商品，和其他商品一样，由市场力量来决定，而不是用人为力量硬把它维持在某一水平上。

多年后，蒋硕杰在自己的回忆录中提到蒋王论战这场经济政策之争时，未做过多评论，但他认为：“我自认不是一位纯讲理论的学者，我用的理论都是自己造出来，为自己的目的而造的工具，研究如何使台湾变得更富有。”

他说：“1976 年，全球经济不景气，我们也稍微有点不景气，但王作荣一定要增加货币供给，认为用低利率放款来帮助企业家们，才能保持繁荣。但我一向对增加货币供给反感，低利放款给企业家，当然有帮助，但问题是‘应不应该帮助？’”比起

---

[1] 吴惠林，编 . 蒋硕杰先生悼念录 [M]. 台北：远流出版社 . 1995:175—180.

资助工商业者，蒋硕杰更注重饱受通货膨胀之害的平凡小民，他反问：“企业家这样容易发财成了习惯以后，对产业增长是不是真的有利？”[1]

1991年，台湾“中华经济研究院”成立十周年。蒋硕杰以台湾“中华经济研究院”董事长的身份致辞，重提了蒋王论战的过去，也再度指正货币政策的问题。他指出：

在台湾中华经济研究院将要创立之时，台湾舆论界有一个激烈的争论，那就是，在经济要衰退的时候，即银行放款要萎缩的时候，各银行不妨运用些“五鬼搬运法”制造一些新货币，注入流通系统，以防止货币供应之萎缩。而银行只需按资金之供需，调节其利率，使资金之供需保持兼容即可矣，不必任意变动货币供应之数量。

此项辩论尚未结束，而其后美国里根政府又大肆膨胀其联邦预算，使日、德及中国台湾等币值较稳定的国家和地区在贸易上产生连年之盈余顺差。如不同时以相等的紧缩的货币政策予以抵销，则势必造成巨额之通货膨胀。台湾一向持膨胀论者，此时自然多主张让台币去追随美元贬值，并且极力反对台币升值。

台湾中华经济研究院主张早日停止外汇资产之累积，而转为生产技术之改进，及环境污染之防止等有利民生投资之用。结果台币之升值，一再拖延，造成台币之大膨胀，股票、房地产

[1] 陈慈玉，莫寄屏．蒋硕杰先生访问纪录[M]. 台北：远流出版社．1995:216—217.

之大飙涨，台湾整个社会染上好逸恶劳的富贵病习气，出现工厂之大规模外移的现象。现在，当局已针对这些毛病将“六年经建计划”定为既定政策，但是七八年的拖延已使其数目膨大得惊人！[1]

当时的蒋硕杰已看见台湾的股市狂飙，房地产大涨，资产泡沫化，市井小民的资产却日日缩水，“无壳蜗牛”夜宿街头抗议买不起房子。台湾当局错误及延误的经济策略，对民众产生了很大的影响。

昔人已逝，蒋硕杰与费景汉过世多年，王作荣失去对手和好友，不胜唏嘘。王作荣和这两人一直是好友。回忆当年，他说：“蒋硕杰太呆板，只会坚持纯货币学派理论，借助控制货币供给掌控经济，但忽视了当时经济衰颓到谷底的现实。”但对这场辩论，他认为，人有时需要对手，好对手可以激发自己的潜能和创造力。

李国鼎经历过这场辩论，在蒋硕杰过世后，他接受访问表示，两人都是好友，王作荣个性较为固执，不过“10 个经济学家有 12 个意见”，他认为只要不涉入个人情绪，客观的沟通都没有关系，蒋硕杰是货币学的正统学者，也较受当局的支持，但最重要的是，当年两人都是为了台湾的发展前途着想，不为个人利

[1] 台湾中华经济研究院十周年感言 [J]. 台湾《经济日报》, 1991.

益。[1]“台湾经建会”前副主委叶万安指出，经济学家对问题的看法，往往一个人都可能会有两个相反的意见，蒋、王的经济论战，表现了两位经济学者追求真理的勇气。[2]

两位经济学者虽在经济论点上立场鲜明地展开辩论，但毫不影响两人的友谊。据蒋硕杰在康奈尔大学的“关门弟子”——“台湾中央研究院”经济所前助理研究员莫寄屏回忆，当年他要出去学习，曾为选校的事情徘徊良久，但鼓励他去康奈尔大学的就是王作荣。王作荣的理由是“康奈尔大学有位蒋硕杰先生，他是个最有独特见解的学者”，王作荣并将当时的经济学家的优劣长短分析了一遍。最后，莫寄屏拿着王作荣的介绍信，到康奈尔大学面见蒋硕杰，并成为蒋硕杰的“关门弟子”。

10 多年后，莫寄屏仍以同样的问题请教王作荣，王作荣对蒋硕杰的评论，一如当初，仍推崇他的独到见解。两人论辩多年，都为台湾的发展前途考虑。莫寄屏认为，即使世人未必承认，但王作荣其实仍是最欣赏蒋硕杰的一个朋友。[3]

从还是一个博士生开始，蒋硕杰始终坚持对正确的事说理到底，辩论到底，他自己想想，打笔仗也打了 30 年。以蒋王论战为例，蒋硕杰说，他与王作荣对利率的看法大不相同，凯恩斯学派多半认为要奖励开发、奖励投资就得降低利率，但没有想到储

[1] 吴惠林，编 . 蒋硕杰先生悼念录 [M]. 台北：远流出版社 . 1995:92.

[2] 费景汉认为他是中国最杰出的经济学家，是台湾奇迹功臣却也最被低估：蒋硕杰驾鹤西归，友人心中有憾 . 台湾《民生报》，1993.

[3] 吴惠林，编 . 蒋硕杰先生悼念录 [M]. 台北：远流出版社 . 1995:73—74.

蓄也需要鼓励，储蓄越多才越有投资的资金，如果没有储蓄，哪来投资的资金，因此投资和储蓄的交叉点要能够达到最大点才好。他坦承年轻时文章写得勤，只要碰到物价高低、利率高低或是补贴使得价格降低等话题，他都可以为这些政策跟人吵架，但究竟哪个对，他也很自信地认为“现在你们可以再看看我这些文章”。30 年的打笔仗心路历程当然有变化，和一些学者打笔仗的胜算有多少，其实很难说。

而蒋硕杰在学术上的笔仗更是难以胜数。他认为，他能和庇古等人做学术上的论战，除了因为他受过逻辑的训练以外，也因为他胆子大。研究经济发展一般是在模型或理论架构下讨论，在经济学发展未臻完备的时候，真的要对当局提出建议，要把经济学理论拿到现实世界中应用，很多变量要详加判断，因为对或错的影响很大，需要更大的胆识、更大的魄力，才能将变量处理好。对蒋硕杰来说，他绝不是书生理念治国，从他开始参与政策制定时，就已经深思熟虑，在稳定中求取增长，不用一时的刺激塑造漂亮的数字。多年来，他的观点始终如一，这也就是他认为“你们可以再看看我这些文章”的信心所在。[1]

蒋硕杰一生的言论和主张都是坚持自由经济和市场机制，将货币流量作为主要的概念，在不增加货币的状况下，鼓励储蓄，以健康的资金进行投资，这种狭义的货币流量概念，也是反对凯恩斯过度膨胀。他甚至在银行业者大量推动信用卡贷款前警告相

[1] 陈慈玉，莫寄屏．蒋硕杰先生访问纪录 [M]. 台北：远流出版社．1995:73—74.

关机构和单位，应该把这种扩张的信用和货币纳入市场货币总量的观念中，认为过多的货币和扩张信用将会导致金融秩序混乱甚至破灭。但这种观念显然不为当权者和金融界所喜，信用卡贷款仍然越演越烈，这种无信用担保贷款快速膨胀，终于让台湾金融界饱尝双卡风暴的恶果，元气大伤。

坚定的反凯恩斯主义者

在蒋王论战之后，蒋硕杰的学术立论更加稳定，他是坚定的自由经济的倡导者，是主要的反凯恩斯主义者。即使经历了备受压力的蒋王论战和难熬的舆论批评，他仍认为凯恩斯对于全世界都有负面影响。1992 年，哈耶克去世，台湾“中华经济研究院”《经济前瞻》制作“哈耶克专辑”，蒋硕杰对货币理论的中心概念非常熟悉，他秉持他终身反对凯恩斯的立场，撰写一篇短文《哈耶克与凯恩斯的货币理论》。

……经济不景气的原因，据凯恩斯说，是由于储蓄过多，投资对资金的需求不足以将其充分吸收利用。但是据哈耶克说，那是由于储蓄所提供的资金不足，以致企业家计划中的投资都必须缩短其生产周期，提前使产品上市。结果一方面是投资总额减少，一方面是快速生产出来的商品在市场上堵塞难销。讲到储蓄对社会的影响，凯恩斯说：“它对社会可说一无功效，它只会将商品的需求减少，使它们难以出售，而它表面上提供的可投资的资金（investible funds）则会落空；因为储蓄的增加，必然使商品的销售减少，所以售货商人自己的储蓄，必将减少。”总结起来，整个社会的储蓄，未必因一部分人的储蓄意愿的增加而增加。凯恩斯还利用国民收入会计公式来辩论说：“因为国民收入一定等于消费加投资，而消费又依定义等于收入减储蓄，以之代入国民收入会计之公式，则吾人即可获得‘储蓄与投资必然相等’的惊人结论。”

1982 年 9 月，蒋硕杰伉俪参加朝圣山学会与哈耶克夫妇摄于西柏林

蒋硕杰直斥凯恩斯的说法是诡辩。他评论：

难道我们真的不必费吹灰之力，不经由储蓄就可以有巨额资本，使任何国家富强起来吗？这要是正确的话，世界上就不应再有任何贫穷国家了。可是事实上，非洲及拉丁美洲甚至亚洲的贫穷国家，为什么会越来越穷呢？这个哑谜，让世人绞尽脑汁才能识破。原来罗伯特森指出，凯恩斯所引用的会计原理（即“国民收入总额一定等于消费加投资”）此一公式，只适用于同一时段中的统计字数。而吾人日常所谓以储蓄资金融通投资行为，乃指以前一时段中的储蓄（即上一时段中的收入减去这一时段中预定的消费支出）来

融通本时段的投资支出。在考虑这种投资的融通行为时，凯恩斯所用的国民收入会计公式中的储蓄，就毫无意义了。但正是因为他揪出了这么一个无实际意义的储蓄，才使经济学人困惑了好几十年，使人将一向被视为一种社会美德的“节约储蓄”，变成被视为招致失业与不景气的自私自利的行为了。

他指出：

其实，这都是他（凯恩斯）将储蓄与投资定义为同时的数量而忽略了在实际的动态经济中，它们在时间上存在先后顺序的缘故；只有将时间的差别及顺序排入，我们才能看出它们的成长与伸缩。事实上，1937 年，也就是他的《通论》出版后还不到一整年时，凯恩斯就已经觉悟到储蓄与投资的正确处理，必须有时间顺序了。他在和瑞典经济学者俄林（B. Ohlin）辩论的时候，就已经了解，当一个投资计划到资金市场去寻求融通的时候，这个投资计划通常尚未开始执行，而它筹措的资金则必须是已经到手的（即已经完成的）储蓄；至于他自己所倡导的所谓“一切投资都会自动因为乘数原理（multiplier principle）产生与其等量的储蓄”的惊人理论，只是将来可能发生的事情，在筹措资金的当时是借不到手的。所以，当上一期已完成的储蓄不足以融通这一期的投资需求的时候，其差额除了让利率的上升来消除之外，就只有靠外国资金的流入及由银行系统制造货币来补充储蓄者所提供的旧有货币了。

蒋硕杰又指出：

由银行系统制造货币来补充，那就是罗伯特森教授依传统的经济学说而说的银行界的一种“盗窃行为”(act of burglary)。因为银行的正规职务是进行“中介行为”(act of mediation)，即将公众委托存放在银行的货币转贷他人。如果银行将此正当行为弃而不顾，而以擅自私造的新货币来代替将公众委托存放在他那里的货币贷放出去，那么这些新制的货币必将与旧有的货币相竞争，而夺取其未来可能购得的商品之一部分。

这就是传统经济学所指责的银行“盗窃行为”或“五鬼搬运法”。但是，凯恩斯学派的信徒则矢口否认这种“盗窃行为”。在他们眼中，货币只是一种流动性较强的资产，别人持有的货币增加，不管是怎样增加的，对我并无损害；同样，我所持有的货币增加，不管是怎样增加的，对别人也无损害。所以银行增发货币，乃被视为增加全社会的“流动性”的好事，而不再被视作“盗窃行为”了。因此，在凯恩斯学派盛行之后，通货膨胀之风弥漫全球。尤其在政治道德较差的发展中国家，其当权者都利用银行信用膨胀，贷款私人亲友，以收“五鬼搬运”之实效，以致财富集中，收入重分配日益不平，老百姓则痛遭通货膨胀之疾苦。究其学说之正谬，我们能说这是哈耶克及罗伯特森这些保守派的错误吗？

关于凯恩斯理论重视消费、鄙弃储蓄，蒋硕杰评论：

凯恩斯学派的金融理论，即认为不管银行吸收与否，储蓄自会与投资相等，所以从不注重金融机构应当多方努力吸收及鼓励民间储蓄的职责；相反，储蓄倒被视为自私行为，消费倒受到奖励。于是，像美国这样本来是世界上最富有的国家，现在就因为经年储蓄低落到 2% 或 3%，政府预算又频年巨额赤字，以致外贸连年亏空，负债累累，很快地由世界最大的债权国而退居为世界最大的债务国了。真是令人感叹。[1]

仅就“储蓄”对货币的影响，蒋硕杰就迥异于凯恩斯的观念，蒋硕杰结合时间面向的观点以及将货币作为流量的观念得出，投资的资金不应来自金融界额外的融通，而是储蓄金额的转投资，透过转投资后，用于企业生产和销售，创造更多财富，让储蓄有好的利息，市场才会有更多消费。1983 年，蒋硕杰在参加东亚的通货膨胀会议时撰写了《发展中国家的通货膨胀理论》一文，他指出，银行对企业信用的快速扩充是货币发行增加的首要原因，经济学家不应该继续提倡凯恩斯理论，而应该立法防止货币的快速增加，通货膨胀才有可能在人类社会中绝迹。

他对 27 个发展中国家近 20 年的资料做实证研究，显示许多发展中国家为了追求经济的快速增长，长期扩充信用，结果造成通货膨胀，降低资源配置的效率和社会大众在金融机构储蓄的意

[1] 吴惠林，编 . 蒋硕杰先生悼念录 [M]. 台北：远流出版社 . 1995:285—287.

愿，最后经济增长的速度不但没有加速，反而减缓。

虽然蒋硕杰不敏于言谈，但其文笔流畅，在这篇短文中，他以货币为主轴，点出了企业的“五鬼搬运”场景造成的通货膨胀恶灵。蒋硕杰终身以货币理论及自由主义为学术研究的重点，他认为，货币观念的错误已经导致了太多灾难。

蒋硕杰为了避免凯恩斯学派贻祸而不断打笔仗，深信真理越辩越明。他眼看当年美国人的储蓄率只有 GNP（国民生产总值）的 2% 左右，甚至比不上印度，因此仰赖日本，许多大都市的指标性建筑都不得不卖给日本人。美国这样一等一的强国，也沦为世界大型负债国，成为世界最大负债者，“真令人感叹”。他相信自己反对凯恩斯理论是有根据的，美国人将来也会逐渐同意的。[1]

对照如今的印钞救市却造成全球的通货膨胀和反噬自身经济的噩梦，40 年前，蒋硕杰坚持回归市场机制，做出以适度提高利率加强储蓄、平抑物价和稳定汇率的呼吁，他强调货币和财政的纪律，反对不断放宽政策宽待工商业者而影响市场稳定，多年后看来仍是对全球经济的最佳诤言。

[1] 陈慈玉，莫寄屏．蒋硕杰先生访问纪录 [M]. 台北：远流出版社．1995:135.

第八章

台湾经济自由化的推手

1992 年左右，北京大学经济学教授张友仁等一批国内外知名学者，特地联名向瑞典皇家科学院申请将蒋硕杰列为诺贝尔经济学奖候选人，这可能也是华人经济学家第一次成为诺贝尔经济学奖提名者。但蒋硕杰无法看到自己是否真的能得到这项荣耀，因为不久后他的身体就每况愈下。1993 年 10 月 21 日，蒋硕杰病逝于美国芝加哥。

中国台湾从20世纪50年代起推动第一阶段“经济建设四年计划”，采纳学者的意见，让汇率一次大幅贬值到40新台币兑1美元，让台湾经济发展由进口替代转向出口扩张，调高利率鼓励储蓄，解除进口管制措施，种种策略带动台湾经济在这段时间内快速增长。当时在进口方面仍有高关税和当局政策的限制，出口方面则有退税、外销贷款与优惠利息的补贴，曾任经济事务主管部门负责人和财政事务主管部门负责人的李国鼎先生在他的著作中回顾这一段时期时，称之为“局部自由化”。但后来却因外汇持续管制，反而助长了20世纪70年代初期的物价膨胀。

第二阶段则是20世纪70年代和80年代初期，台湾对外面临两次世界性能源危机，对内发展资本密集和技术密集的工业，这需要不同市场条件的配合，包括管制减少，贸易、汇率和利率逐步走上自由化。第三阶段是1984年台湾当局宣布自由化、国际化、制度化，开始走向全面自由化，但却徘徊迟疑，这导致了

20 世纪 80 年代后期的资产膨胀。[1]

20 世纪 70 年代末期，中国台湾已经开始面临外汇储备过多的问题。台币长期贬值，造成贸易上大量顺差，从 1981 年起，台湾年年都有了巨额顺差，外汇累积到世界首位，蒋硕杰认为“实属不智”。他认为台湾正处于经济转型阶段，要由劳动密集型转向技术密集型，工业造成的空气污染和水污染都需要防治，但外汇，也就是储蓄能力却不用在积极改善这些项目上，而是大笔地存在外面。此外，那些贸易对手也一定会对我们有所抱怨。[2]

这些问题在 20 世纪 70 年代长期累积，终于使得台湾必须面对贸易谈判的压力，强迫台币升值，这个压力正来自美国。

“台湾经建会”的前副主委叶万安指出，80 年代的经济问题，主要从两方面衍生而来：一是生产大幅提高而需求不足，超额储蓄过大；二是因为台币贬值，出口持续大于进口，顺差不断扩大，这与初期所遇到的生产不足以满足需求，进口大于出口的状况正好相反。[3]

在这第二、第三阶段，蒋硕杰与学者积极呼吁对汇率与利率放手，让市场机制自行调节。20 世纪 60 年代，台湾如果能顺应出口扩张与贸易差额改善的形势，逐步取消对出口的补贴，放宽对进口的限制，调整汇率，修正偏低的币值，一定会提高资源利用的效率，获得更稳定的物价与更高的经济增长率，1974 年的衰

[1] 孙震 . 台湾经济自由化的经验与检讨 . 两岸经济论坛 . 北京 . 2006.

[2] 陈慈玉，莫寄屏 . 蒋硕杰先生访问纪录 [M]. 台北：远流出版社 . 1995:132—133.

[3] 叶万安 . 从管制到开放 [M]. 台北：天下文化 . 2012:124.

退也会较为缓和。[1]

经历过蒋王论战后，蒋硕杰仍激烈反对干预市场的政策，特别是以释放货币挽救企业，因为这会使得民众饱受通货膨胀之苦。他力主自由化是台湾经济未来必然的发展方向，在文章中不断检讨各时期的当局管理工作。他认为，台湾早期的经济尚不稳定，资源也有限，当局需要进行一些调节和协调，从而使民间企业有方向可循，但当规定渐上轨道，企业的自由竞争风气成形后，当局所要扮演的角色应该是建立良好的投资环境并逐步放宽限制，因为市场机制自会让业者面对问题、解决问题。

[1] 孙震．台湾经济自由化的经验与检讨．两岸经济论坛．北京．2006.

改革税制

1984年，台湾地区行政管理负责人俞国华宣布经济自由化、国际化和制度化，但自由化可能涉及资源的重新分配，从而引起了既得利益团体的抗议。1985年，台湾经历“十信案”“江南案”等经济和政治风暴，以及全球经济情势急剧恶化、出口停滞，台湾经济迅速由高度繁荣转为不景气，投资意愿低落，经济元气大伤，时任台湾“中华经济研究院”院长的蒋硕杰、“台湾经建会”主委赵耀东和“台湾工商协进会”理事长辜振甫大力促成“台湾经济革新委员会”，希望确立自由化，去除管制。

对这场会议，蒋硕杰期待颇深。他说，台湾的经济要升级，要达到更好的阶段，很多东西都要改革。以前，当局偏向于替老百姓做决定，然而自由化、国际化、多元化是经济发展必然的方向，而制定政策能否集合民间的才智之士，从而影响经济发展前途则关系很大；再则，全世界科技进步快速，我们要以最大的力量引进最新的科技（大家都了解国际化非常重要）。台湾当局必须认识到，成千上万的民间业者自己去努力，远比当局指导安排有效得多。

他认为，在自由化的部分，尤其是金融自由化是非常重要的。利率的管制使合法金融机构不能发挥功能，也导致了“地下金融”的形成。只要不管制就没有黑市因而健全金融功能，避免垄断，建立公平竞争环境，必定可以消除黑市问题，且有助于金融自由化的形成（因而创造竞争也是经济制度改革的重要课题）。[1]

在这场会议中，蒋硕杰担任财税小组召集人。他主张不要抱着刺激经济的态度来改革赋税制度，而应制定一套永久的制度。强调财税革新之道，应该从降低投资者和一般民众的税负着手，提升厂商和个人的投资意愿，他认为台湾地区应该积极建立以消费税为主的税收制度，不以所得税为重点，这样可以减少这些直接税制产生的对企业的负面影响，例如所得税制的边际税率过高，就会影响企业或个人的生产或工作意愿。

蒋硕杰强调，高税制时代已经过去了，以往的民众对缴税的概念尚未建立，过高的税率造成富人逃税漏税，他鼓励降低税率，减少税负，以减少逃税、漏税行为，并且建议以增值税的方式鼓励生产，弥补降低所得税的税收损失。他鼓励降低个人所得税的边际税率，大力推动两税合一的政策（指将营利事业所得税与综合所得税两种税目合二为一，实施两税合一制的目的在于消除企业所得被两次课税的现象）。所得税的健全可以让企业的生产走向正途，而原本补贴性的《奖励投资条例》也可以逐步废除。[2]

不过，以蒋硕杰为主导的财税组提出的两税合一方案，在被提案到“台湾经济革新委员会”时，则面临了重大的炮火攻击。台大经济学系教授王作荣更主张将“台湾经济革新委员会”财税

[1] 新闻座谈会：对经济革新会的展望 [J]. 台湾《经济日报》，1985.

[2] 蒋硕杰接受本报记者访问谈财税革新构想：降低税率以提高投资意愿，实施两税合一制不必提高营利事业所得税率 [J]. 台湾《经济日报》，1985.

1985 年蒋硕杰（右一）担任台湾地区行政管理机构“台湾经济革新委员会”召集人之一

组的全案退回重新检讨，并提出所得税全盘改革方案。外界也敏感地联想到几年前的“蒋王论战”阴影，战火似已延烧到“台湾经济革新委员会”的会议桌上。

当时的财政事务主管部门负责人陆润康也强调，两税合一制的改革是个重大问题，在定案前应充分沟通，使真理越辩越明。他甚至强调不在乎官位，只是说明在现阶段，两税并不重复课征，且营利事业所得税可以转嫁，但两税合一后，税收损失过大，因而不赞成此时推动两税合一。

蒋硕杰认为，税负轻重应以边际税负高低来观察，而不应以平均水平估量，重复课税制下，会使投资行为产生偏差。但王作荣则拉高战场，他强调赞成两税合一，但所得税要改革应重整体改革，要求将两税合一制退回财税组，并提出综合所得税改革方案。

由王作荣的首先发难，到其他几位委员的反对，会议在经过快两个小时的争论后决定，对两税合一这个重大议案予以搁置，并要求财税组就税制改革、扩大税基、减少逃漏及强化税务行政等方面再加以检讨补充，做出较完整的建议再予以讨论。在经过多位委员的讨论后，两税合一方案最后被搁置。[1]此项税制改革直到1998年才通过进而付诸实施。

虽然两税合一未实施让蒋硕杰很失望，但当局邀集的产、官、学界精英在5个月的会议中，仍检讨了不少财经状况的缺失，提出了全面经济革新报告，成为此后10年经济发展的重要依据。除了正式实施蒋硕杰主张已久的加值型营业税（增值税），还通过了分别降低个人综合所得税及营利事业所得税的最高税率（40%和25%），放宽进口和外汇管制，开放黄金自由买卖并逐步降低关税等议案，其中降低个人综合所得税和营利事业所得税，有助于鼓励投资和资本形成。

不过，“台湾经济革新委员会”的会议尚未结束，隐忧就已经浮现。企业特别想要开放管制，想不断获得方便和好处，但当局进行资源调整却大幅反弹。例如军教人员恢复课税案，从“台湾经济革新委员会”提出后，就受到强大反弹，在安定的原则下，军教课税只好延后（直到2011年才正式实行）。而企业对于

[1] 两税合一行不行？战云密布 [J]. 台湾《联合报》，1985.

当局开始推行的保护劳工的规定也相当紧张，担心使企业利益受损。蒋硕杰发现，越是民主环境，越可能影响自由经济环境的形成，因为民众或企业很容易因为受到一些问题影响，就要求当局马上干预，并提出解决方案，这样反而形成了负面效果。

积极建议汇率自由化、反对宽松货币

台湾在经贸问题上逐步解除限制后，经济快速发展，但一段时间下来，蒋硕杰与其他院士早已提醒当局，台湾经济政策必须开始修正方向。早年台湾以出口为主，当局让台币贬值以刺激出口，使得台湾的外汇储备快速增长。但外汇储备越高，只表示存放在本地银行以外的资金越多，对于本地经济却无济于事。从1973年开始，蒋硕杰就写文章《外汇资产猛增引起金融危机之对策》，送交台湾地区货币政策主管机关做参考。

在这期间，他也积极举办研讨会，主张对金融界放宽管制。1974年，“台湾中央研究院”举办当前台湾经济问题座谈会，六院士就联合发表了《今后台湾财经政策的检讨》，主张健全货币市场、实施机动汇率、建立期货外汇市场、加强征收地价税与土地增值税，并再度提议实施增值税。隔年，他代表院士们写成《台湾财经政策之再检讨》，仍主张对金融制度进行改进、改变关税及贸易政策、重新考虑奖励投资，以及对出口退税和重复课税制度进行改进。

1978年，他又写出《当前外汇资产累积过速所招致之通货膨胀压力及其因应方法》，并提供建议；1983年，再写《顺差与外汇资产累积的意义》。连篇长文，字字句句都担忧中国台湾的过高外汇储备，可能会受到美国经济不稳定的影响，从而造成台币汇率连带波动，使资产贬损。

当时，各院士联名建议台湾当局应该开始采用浮动汇率制度，让台币适度升值。他们在1978年的《经济计划与资源之有效利用》一文中提到，当局应该适度开放浮动汇率，这样的话，在顺差过大时，台币就可以自动升值。

但没想到台湾地区货币政策主管机关表面同意，实际仍想操控汇率，本身陷于对高外汇储备的迷思，对汇率不肯放手。蒋硕杰痛批“一遇工商业的御用经济学者们高喊汇率不可升高，否则出口工商业将崩溃时，即刻将台币贬值或不令其升值”，并且无限制地收购外汇，以致外汇累积，而流入的等着炒汇率的货币也大量泛滥，造成股票的狂飙和房地产的大涨。[1]

汇率的僵化让台湾经济在20世纪80年代吃足苦头。在这期间，台湾地区出口大幅增加，但进口显著减少。“台湾经建会”虽提出《当前贸易巨额顺差因应方案》，也算是自由化的落实方案，但其后两年，却因为不断受到阻碍而无法推行。例如，财经事务主管部门认为台湾产业基础薄弱，恐怕解除管制、降低关税后，产品禁不起大量产品进口的冲击；而台湾地区外汇管理部门即使面对累积的大量外汇储备，仍不愿取消外汇管制，在进口受限、关税不降以及外汇管制的三大压力下，台湾经济自由化进度几近于零。

但同一时期，在台币汇率没有适度升值下，顺差不断扩大，美国政府眼见中国台湾外汇储备大增、贸易入超扩大，不断要求台币升值，使得原本该在自由化下升值的台币，最后在美国政府

[1] 陈慈玉，莫寄屏．蒋硕杰先生访问纪录[M]．台北：远流出版社．1995:133.

压逼下开始动作。

此举让以出口为主的中小企业大为紧张，不断呼吁当局控制汇率，不要再升值，货币政策主管机关也因此采用缓慢升值的策略，但预期台币升值的压力，让热钱大量流入，外汇储备更急速增加，新台币升值压力更重。1985 年台币兑美元的 40 ∶ 1 在 1978 年直升到 35 ∶ 1，这让出口厂商叫苦连天。

台币激升，但持续顺差，超额储蓄的金额也持续扩大，热钱持续流入中国台湾，加上美国施压，新台币不断升值，最终造成了台湾热钱过度膨胀，出口工业受挫，台湾经济也受到伤害。此时财经事务主管部门才检讨管制的影响，让台湾经济开始走向自由化。[1]

经济结构的扭曲，加上当局为了刺激经济，从 1982 年起连年降低利率，使得超额储蓄金额大增，以及炒汇热钱涌入，终于让台湾经济在 20 世纪 80 年代末期崩盘。

1987—1988 年，台湾呈现不正常的经济过热状态，股票从 1987 年突破 1 000 点，9 个月内就涨破 2 000 点，房地产随之大涨，许多股民涌入股市，只为了炒作投机财，通货膨胀的噩梦席卷台湾，1988 年，股市已经达到 8 600 点。

随后，财政事务主管部门负责人郭婉容宣布，将在 1989 年 1 月 1 日恢复课征证券交易所得税，当时股市无量下跌了 19 天，财政事务主管部门开征该税一年后，不敌民意而再度喊停。该税

[1] 叶万安 . 从管制到开放 [M]. 台北：天下文化 . 2012:88—91.

在 1990 年 1 月 1 日停征，股市又再度狂冲，1990 年 2 月达到史无前例的 12 682 点。

早在股市突破 1 000 点时，蒋硕杰已经开始感到忧虑，并指出这是通货膨胀抬头的明显标志。当前的经济形势应该采取的是紧缩性措施，但当局却反其道而行，来取包括扩大公共投资、调低利率等措施，这些都是膨胀性的措施，而且应该是不景气期间采取的策略。[1]

但蒋硕杰的远见，无法阻止当局和民众追求眼前的近利。蒋硕杰说，3 年下来，民众不愿耐心从事生产，对工业的长期投资、生产力的改进都为害不浅。他指出，有人认为这是超额储蓄的问题，但当时储蓄的金额若要用来支应工业转型、污染防治或是交通建设所需的投资，还差得很远。台湾经济的大起大落造成的祸害，反而就是货币政策主管机关大举以“五鬼搬运”的方式增加了货币供应，以民众储蓄来收购顺差的外汇所引起的。[2]

后来，当局以较宽松的货币政策去挽救崩跌的股市，蒋硕杰却犀利地指出，如果不是当初以通货膨胀扰乱了市场，现在也不需要用宽松的货币政策来挽救它，当老百姓将储蓄送进股市，希望大涨三四倍时，这种投机心理就使股市难以安定，一垮就要去救，总是用货币供给的方式来救济，股市终究还是投机市场。

经历股市一轮重伤之后，当局再度决定在 1991 年召开经济

[1] 利率降低，股市张翼：蒋硕杰有“千点”之忧，悲观预测通货膨胀极可能开始了 [J]. 台湾《经济日报》，1986.

[2] 陈慈玉，莫寄屏 . 蒋硕杰先生访问纪录 [M]. 台北：远流出版社 . 1995:133.

会议，同时宣布“六年计划”，希望刺激内需。

蒋硕杰强调以自由市场竞争态度决定利率与汇率，认为台湾过去都用贬值或低利贷款的方式去救济产业，但台湾已经不比当年，不像过去劳工多又便宜，产业必须转换，因而以救济方式维持传统工业，反而会妨碍新的工业发展。

开经济会议时，蒋硕杰的身体健康状况已经不尽理想，但他仍坚持发表对管制利率和汇率的看法，直接杠上了当时货币政策主管机关负责人谢森中。

谢森中是蒋硕杰的多年好友，两人早在蒋硕杰于 IMF 任职时就认识，但谢森中于 1989 年主管台湾地区货币政策主管机关后，两人对控制通货膨胀的态度迥异，谢森中多次放宽利率，蒋硕杰大表反对，经常“报上见”，为文批驳双率政策。

谢森中当时的汇率政策，注重货币供给的“价量兼顾”，是“松中带紧、紧中带松”的“松紧带政策”，以稳定利率为原则，以货币供给量管制利率的涨跌。蒋硕杰就批驳货币政策主管机关不应以控制货币供给量的方式来引导利率下降，而应该先决定一个长期的货币增加率，然后“不要去动它，照其变动率，让利率由市场决定”。因为要压低利率，就必须释放过多货币，容易带来物价上涨压力；另外由于利率低，为追求高利率，又会造成资金外流。[1]

在台湾地区经济会议的财政金融组会议中，蒋硕杰再度指出货币政策主管机关应该以控制货币供给量为首要任务，放弃干预

---

[1] 过度干涉，恐将付出物价上涨代价：蒋硕杰抨击干涉利率 [J]. 台湾《联合晚报》，1990.

蒋硕杰（右）与台湾地区前货币政策主管机关负责人谢森中先生

利率的措施，让利率自由化。他认为，只有利率自由化，才能真正做到经济状况由市场决定，资金才能有得到有效的分配，这仍是蒋硕杰“可贷资金理论”的逻辑，他认为货币政策主管机关大力干预利率的涨跌，是牺牲金融和经济的稳定。如果不让利率自由波动，则无法知道利率的均衡价格。

当时，台湾地区货币政策主管机关强力控制货币 M_2 的供给量，这也让蒋硕杰产生疑问。他认为，在货币供给额 M_2 的定义中，主要项目是定期储蓄，在需要大笔民间投资的时候，应该鼓励储蓄，以用此资金转贷给工程所需，但货币政策主管机关限制 M_2 的增长，等于要抑制定期储蓄，这种态度非常奇怪。他认为，货币政策主管机关应该控制的是 M_1（通货、活期储蓄和支票存款），避免执行过当。

他指出，谢森中认为当时 M_2 的年增长率为 18.3%，货币供给额仍偏高，货币政策主管机关有可能对货币供给增长进行控制，但 M_2 中有大量的准货币，也就是大量储蓄，这种储蓄大量增加，若能顺利引导，正好符合当时的资金需求。对于货币政策主管机关控制储蓄增长的做法，他无法认同。

蒋硕杰直冲担任财政金融组主持人的谢森中而来，让谢森中压力很大。除了在会议中一再强调“货币政策不是万灵丹”“台湾地区货币政策主管机关独立而不孤立，绝不受外来压力”外，谢森中还要求与会人士不要提出利率、汇率问题，因为他认为“利率、汇率问题不能纳入经济会议中讨论！”

经济会议后，民间对市场全面自由化的呼声更加迫切，加上美国要求中国台湾开放市场的压力以及总体经济的失衡，官员们终于认识到了自由、开放的重要性。台湾在这段时间，陆续降低关税，修订进口税则，并在 1987 年年底修正《外汇管制条例》，这让新台币成为可完全兑换的货币，外汇市场也逐渐自由化。

在吸引外资方面，台湾地区于 1989 年修正了《投资条例》，放宽来台投资的限制；修正所谓《银行法》，开放民间设立银行、放宽银行设立分支机构的限制，扩展银行的业务范围；制定《促进产业升级条例》，取代了实施长达 30 年的《奖励投资条例》，加强对产业投资自动化设备或技术、研发、人才培训、建立品牌形象的奖励，提升了台湾产业发展层次。至此，台湾经济终于逐步走上稳定的开放之路。[1]

[1] 叶万安 . 从管制到开放 [M]. 台北：天下文化 . 2012:128—129.

对台湾经济自由化的见解

1977 年，蒋硕杰对决策者提出建议，他在文章《如何维持台湾经济快速成长的问题》中指出：

一般民间企业对外开拓商机时，出口厂家得亲自去外面发现有利之新外销产品，此外销产品未必即当局所列应受奖励者。故当局对一般工业之投资应在一般性之营利事业所得税法中，予以适度之奖励，但又不可使税收损失过大。

蒋硕杰提出了“自由折旧摊提法”，也就是让企业自行决定摊提的期数和比率，这和规定上要求分期定额摊提的概念不同，可以让企业按照需求，提前享受折旧权益。

蒋硕杰又说：

台湾经济发展态势甚佳，工业之种别日繁，人才亦散处民间。此时欲使经济做更进一步之蓬勃发展，允宜群策群力，使各人士均能自发各尽其才以从事其专业，始能收最大之效果。欲达此目的，唯有予人人以适当之利诱（incentive），使其自发尽最大努力……倘吾人以过分之管制及课税，消灭经济行为上之利诱，则民众将缺乏自发性之努力，虽当局宵旰辛勤，殚精竭虑，以计划而复管制一切，然经济增长必较人人能自发各尽其才时为滞缓也。

蒋硕杰希望解除管制以建立市场机制，当局只需提出奖励制度以鼓励企业界发展，这出现在他与四院士（邢慕寰、费景汉、邹至庄、顾应昌）的建议文章《经济计划与资源之有效利用》中，他们希望当局对可用于投资之资源加以规划，例如调整关税和货物税、发展资本市场、筹建大汽车厂，并扩大“台湾经建会”的权责。

他宣扬市场机制的概念，认为如果不顺应发展，强加干预，则如治丝益棼，欲益反损。市场机制灵活的地方，经济发展皆超前；市场机制窒碍不顺，则经济发展皆落后。特别是蒋硕杰认为，为了计划能够顺利推动，最好要扩大“台湾经建会”的业务范围，扮演“计划局”，利用机制引导产业走向规划的方向，只要有充分的信息和无私的官员，便可以有好的经济结构和长远发展。

蒋硕杰早年就一直反对当局介入货币政策以及补贴物价、管制物价，他建议实行弹性的物价政策，放宽对汇率和利率的管制。台湾经济发展的成功经验，让他发现自由经济的真正理念是民间企业在自由环境中可以发挥更大的作用，自由经济的本质其实是企业家的不断创新和自由竞争的发现过程。经济要发展，光靠当局不够，而必须改善投资环境，让企业参与进来，让它们实现完全竞争与发展。完全由政策领导也不好，“因为可能有错，把资源用到错的方向去，不是个好现象”。

他指出：

我的中文著作中有一篇《经济计划与资源之有效利用》，与现在的台湾建设计划有关系。这篇文章是由我与邢慕寰、顾应昌、费景汉、邹至庄等院士合写，于1987年发表的。那时候眼光所及并不见得比现在深，不过对通货膨胀的危险比较重视。现在我觉得当局要支配这么大比例的资源，不太好！因为当局眼光看得到的不一定都是对的，还是把它分散一点，由许多企业家共同分摊责任比较好。[1]

在这篇文章中，他主张：

盖有利之投资方向，须待众多之企业家，分别自各方面发掘寻找。其所选择之投资方向，未必属于当局所限定之类目。

也指出：

晚近，各专家多认为机械工业为下一阶段工业发展之最好方向，则此时正可大胆投资促其建立。

他认为，如果人才开始到各民间企业去，当局此时不妨专责于“防止严重的失业及不景气的发生”，将开拓市场的职责交给私人企业，以市场机制让企业自由竞争发展，在这其中只需要注意企业不应过度朝同一方向发展而导致失衡，以及注意全

[1] 陈慈玉，莫寄屏 . 蒋硕杰先生访问纪录 [M]. 台北：远流出版社 . 1995:118.

球经济的整体环境，要避免类似石油危机等所引发的经济萧条影响经济命脉。

有了台湾经验的对照印证，蒋硕杰全面认识到自由主义的真义，台湾过去的经济发展成功，更多的原因是当局逐步开放了限制，走向自由化。他在 1983 年亲自撰写《台湾经济发展的启示》长文，详述近 40 年来台湾的经济发展，20 世纪 50 年代只是贫穷落后的小岛，只有 800 万的人口、规模很小的炼铝工业和从大陆转移来的纺织工业，主要的出口产品是糖和米，而制糖还要参与国际蔗糖协定的分配额度，稻米则是专销日本，仰赖两地磋商价格。

这两样关乎台湾经济命脉的经济作物的价格极低，蒋硕杰积极主张坚持市场法则，建议当局不要干预汇市，让台币贬值到适当的价格，以便让台湾产业可以用廉价的劳动力生产国际上所需的几百种新产品，销售到劳动力少而工资高昂的地方。台湾当局接受了这样的建议，将台币一次贬值到适当价位，这让台湾企业也发展出了更多具备竞争力可生产出口的商品，甚至就连农业也因此摆脱了只有糖、米的困境，农民培植出洋菇、芦笋，后来又养殖出外销到日本的鳗鱼（至今仍是主要销售国）以及销往法国的食用蜗牛。

蒋硕杰发现，台湾企业家对国际商业机会的掌握能力极高，例如从生产稻米到转种洋菇，就是农民开始以“很少量的土地，在小棚中一层一层的稻草堆中种植洋菇，并将之作为新的出口作物，此种作物很快扩张成新的主要出口物，一年出口值超过 1 亿台币。美国很快地便对台湾地区的洋菇出口设限，台湾又找到欧洲共同市场作为洋菇的新生路，同时又开发芦笋作为新的出口作物”。

他提道：

> 当美国及欧洲共同市场很快对台湾地区芦笋出口量设限时，台湾企业家不断开发新的出口品和寻找新市场，如销往日本的鳗鱼和洋葱，以及销往法国的食用蜗牛等。制造品的扩张也遵循了相同的路线：纺织品、鞋子、洋伞、黑白和彩色电视机、机械和电动玩具等都曾次第遭受美国和西欧国家的设限。出口增长之所以能够如此辉煌，完全是由于企业家能不断发展新的出口商品和不断开发新市场。

蒋硕杰发现，当松绑管制之后，商品价格与汇率会回归市场，不受保护而得以不被扭曲的价格结构，会让企业家去投资具有比较利益的产品和生产方式。他也因此提出说明，认为台湾并非出口至上，或一切为出口，而是在经济增长起步时，找出在国际间最有优势的生产事业，提供自由扩充的竞争环境，将开发对外贸易作为推进经济起飞的动力，接着以赚来的外汇购买台湾没有生产优势、具有劣势的商品。

20 世纪 50 年代，蒋硕杰对自由经济的认识，体现在反对货币政策和物价管制；80 年代，台湾经济发展的成功经验提升了他对自由经济的认识，肯定民间企业家在自由市场内所能发挥的创造力。但民主的高度发展，可能影响自由的方向，这也是他晚期关心的问题。

蒋硕杰反对干预，希望保护民主政治的发展和企业的竞争力，不过因为民主政治的观念被普及和滥用，加上企业界开始为利益考量，反而成为干预政策的另一个来源。只要经济一低迷，民间企业立刻强烈要求台湾当局以短期速效方案刺激增长，民主过了头，却可能会造成自由经济受损。

经历过蒋王论战后，蒋硕杰发现，民主国家的当权者为了巩固当权者的利益，仍会以拔苗助长的经济政策讨好一般民间企业，这种更有“甜头”的短期经济方案也能让其在民主意识大盛的状态下，减少被骂的危险。毕竟民众或企业看的是短期利益，对未来的通货膨胀或经济苦果则毫无所觉，为了保护由市场机制公开调节的自由经济，民主势力的过度膨胀反而成了最大的问题。

鉴于这样的状况，蒋硕杰在台湾《联合报》发表《“拔苗助长”的经济政策》一文，[1]他在文中感慨地指出，无论在落后或先进的地方，与“拔苗助长”性质相同的经济政策相当普遍，令人担忧的是，尤其在民主的地方，“拔苗助长”性的经济政策更具有令人难以抗拒的政治压力。因为搞政治，必须要靠群众支持，可是群众不是都能深谋远虑，而又了解经济增长的基本原理的，大多数人只能见近利，而无长远眼力，若有野心政客以立竿见影之政策号召，他们就很容易响应追从。他以劳工政策中的工会组织及罢工权为例，以英国、新加坡阿根廷以及中国台湾等国

[1] 蒋硕杰.“拔苗助长”的经济政策（上、下）[J]. 台湾《联合报》，1987.

家与地区为例相互比较，尤其特别注重阿根廷庇隆（Peron）的惨痛经验，告诫官员及具影响力者，不要“拔苗助长”。

台湾经济发展的案例，让蒋硕杰深刻体会到自由竞争与自由经济的真谛，他认为，台湾在经济发展初期表现出经济快速增长的同时改善收入分配的状况，被誉为全世界仅有的快速发展又能改善收入分配的奇迹，但这不是台湾刻意用“拔苗助长”的方法提高工人阶级收入的效果，纯粹是采取当时最适当的自由化政策所产生的自然而然的结果。

知识分子的风骨

文章外的蒋硕杰，仍是沉静少言、不出恶言的态度。台湾“中华经济研究院”前院长于宗先与他共同创办了台湾“中华经济研究院”，他认为蒋硕杰是一个堂堂正正的君子，在学术论战中笔锋犀利、用词也不客气，但在他人面前，从不批评那些写文章攻击他的人，即使有人当着他的面批评某人，他也是静静听着，不做回应。政策顾问王昭明也形容蒋硕杰对官场上那一套注重行序、委婉的作风是不太讲究的，但他的为人却是谦谦君子，只是在理念的争辩上绝不苟同。[1]

蒋硕杰逝世十周年时，当时的台湾“中华经济研究院”董事长萧万长特别强调蒋硕杰对经济发展的贡献，并认为其建议是顺利度过经济危机的关键因素。他指出，20 世纪 50 年代，蒋硕杰力抗当时盛行的凯恩斯学派，建议将实质利率维持在一个合理而较高的范围内，刺激民间储蓄。作为自由经济理论的忠实信徒，他也反对干预货币供给以刺激经济活动的做法。

萧万长也以韩国的经济发展历程为例，对比中国台湾因为采取高利率货币政策，其在 1965—1981 年的民间储蓄达到生产总值的 12.1％，而同时期采取低利率政策的韩国仅有 5.4％，偏低的民间储蓄使其不得不大幅向外举债，这也是韩国后来发生通货膨胀的原因之一。

---

［1］ 吴惠林，编．蒋硕杰先生悼念录 [M]. 台北：远流出版社．1995:105—108.

蒋硕杰的成就受到两岸的重视，他的经济学著作在陆续进入大陆后，也引起广泛关注，但他始终无法回到大陆。直到1990年，他才应相关学术单位邀请，回到大陆出席研讨会，并在北京大学讲学，他的成就受到政府的高度尊重。

1992年左右，北京大学经济学教授张友仁等一批国内外知名学者，特地联名向瑞典皇家科学院申请将蒋硕杰列为诺贝尔经济学奖候选人，这也是华人经济学家第一次成为诺贝尔经济学奖提名者。但蒋硕杰无法看到自己是否真的能得到这份荣耀，因为他不久后身体状况就每况愈下，1993年10月21日，病逝于美国芝加哥。

按照诺贝尔奖的惯例，只能评选与颁发给在世者，蒋硕杰的离世无疑是一大遗憾。张友仁在悼念蒋硕杰的文章中说："蒋硕杰教授在货币金融理论和实践上有着突出贡献，他的理论是当代货币金融理论的最高成就，他应当是诺贝尔经济学奖的恰当得主。"[1]

不过，诺贝尔奖基金会从不公开或通知任何名单内的候选人，蒋硕杰是否真的是经济学奖候选人之一，我们不得而知，诺贝尔基金会在50年内不公布各奖项的任何候选人名单，也拒绝评论任何人选，最快也得等到2047年才会揭秘。

蒋硕杰对自己是否应该被提名为诺贝尔经济学奖候选人，或是否该得奖，从来不予置评，在他的访谈录与各个报道中，他从

[1] 吴惠林，编．蒋硕杰先生悼念录[M]．台北：远流出版社．1995:118.

未对此话题有过任何评论，但他在货币方面的学术地位和成就无人质疑。对于蒋硕杰来说，他的心思都用在学术上，他也效力于建立正确的自由经济思想，经世济民，实践理论。

蒋硕杰如今过世已 20 余年，他所关怀的经济问题始终存在，甚至随着全球化的扩张而更加严重。台湾《联合报》前社长杨选堂（笔名杨子，于 2011 年过世）与蒋硕杰相交甚久。蒋硕杰过世后，杨子写文章指出，蒋硕杰留下了两个问题，第一个是以理论印证了中国现代化的做法，既以西方经济理论加诸中国的政治、经济环境中，是否理想？

杨子说，蒋硕杰当年勇于批判凯恩斯以大幅提高货币供给年增率就能刺激经济增长的观念，甚至力排众议，不惜与当代主流学者、媒体辩论，认为金融当局以大量低利率资金供给工商业，无异是五鬼搬运，蒋硕杰就是勇于挑战西方理论在应用上产生的问题。他的说法虽在当时引发了热烈讨论，甚至可说被群起围攻，但后来发生的泡沫经济，却证明蒋硕杰不仅仅只是引用芝加哥学派的主张，而是将西方理论的移植问题，重新做检讨，凸显了重要性。

但更重要的是第二个问题，杨子认为，从蒋硕杰的态度，其实显示的是知识分子的批判使命问题。知识分子的批判使命，又以他的“抗压性”为前提，知识分子势必要能抵抗若干压力，才能有效独立地批判时事。

知识分子所要抵挡的压力，除了权势外，还有流行趋势的压力以及党同伐异的压力。自古以来，抵抗这些压力，是知识分子最大的考验。有许多知识分子因此随波逐流、趋炎附势；也有知识分子独善其身，默尔而息，干脆离开大环境。但蒋硕杰是一个有心改变世界、改善环境的学者，他选择了面对压力，不屈不挠。如今，在知识分子中，还能展示出特立独行的道德勇气和振聋发聩的正义之声者，何其稀少矣！如今世界经济的乱象以及权势干预专业的问题猖獗至此，蒋硕杰的远见和风范，更是令后人怀念！[1]

[1] 杨选堂．蒋硕杰留下的问题 [J]. 台湾《联合报》, 1993.

后记

历史的教训是“从来没有从历史中得到教训”

吴惠林

台湾“中华经济研究院”研究员

编完《蒋硕杰评传》的当儿，正好是台湾证所税风波闹得满城风雨的时刻，台湾当局打的是“公平正义”旗帜。不过，课征证所税充其量只能说是“税制不公”的小小一环，根本之道是让“税收”还其本质。那么，“税收的本质”是什么？其本质应是人民交付给当局的“服务费”，因为当局是因人民的需要和执行人民委托的事务而存在的，可如今却是本末倒置，换成其主动提出要帮人民做什么，进而强迫人民缴税，而且还演化为将税收作为“政策工具”，为了“特定目的”而征税。这也就是如今甚为普遍的“功能性财政”，而最不堪的局面是所谓的“苛政猛于虎”，可以说历史上无数的“横征暴敛”事件，都是税收被扭曲的鲜活写照。

公平、简单、效率的全盘税制改革

蒋硕杰院士早在 1968 年第一届“台湾赋改会”时就力主消

费性的增值税，并与好友刘大中院士激辩；1985年在台湾经济革新委员会担任财税组召集人时，更提出全盘赋税改革，主张不要抱着刺激经济的目的改革赋税制度，应制定一套永久制度，应积极建立以消费税为主的税收制度，不以所得税为重点。可惜的是，蒋先生的主张未被采纳，也不被重视，迄今仍以所得税为主，也还是将税收作为工具使用。但愿2012年台湾证所税风波，能激发全盘的赋税改革，而且能重拾蒋先生当年的建议。

在台湾证所税事件闹得沸沸扬扬的同时，国际上欧债问题更是风雨飘摇，其焦点转变成厉行撙节或追求经济增长的论战。两派阵营都有诺贝尔经济学奖得主支持，双方各持已见。

以2008年诺贝尔经济学奖得主、现为普林斯顿大学教授克鲁格曼为首的阵营，力倡解决欧债得透过增长与刺激经济措施，成员包括2001年诺贝尔经济学奖得主之一、现任哥伦比亚大学教授斯蒂格利茨，以及美国前财政部部长萨默斯（Larry Summers）等，而2012年—2017年任法国总统的奥朗德（Francois Hollande）本身就是克鲁格曼的忠实读者。

另一派以德国总理默克尔为首，强调只有更严格的财政纪律才能防止由严重负债国家引爆的金融危机扩散，且只有改革整顿财政秩序后，才能吸引投资人与恢复竞争力。曾因提倡“休克疗法”（shock therapy）而名噪一时的哥伦比亚大学教授萨克斯（Jeffrey Sachs），以及2006年荣获诺贝尔经济学奖桂冠的菲尔普斯（Edmund Phelps），皆属此阵营。两派可以说是旗鼓相当。

克鲁格曼认为，削减公共预算只会导致民间投资不足，并产生支出缩减阵痛。他估计，政府预算每削减 1 欧元，短期只减掉债务约 0.4 欧元，生产额却丧失 1.25 欧元。同样地，美国前财政部部长萨默斯使用 IMF 数据计算，当需求疲软、利率接近零时，政府支出每削减约 GDP 的 1%，将使经济增长率减少 1.5%。克鲁格曼提出，欧洲央行应下调利率鼓励通货膨胀，随时准备购买更多政府公债，像德国这样财政健全且有较强预算与贸易地位的国家，应该刺激经济以提高需求与相对价格。

但默克尔阵营认为，现实是欧元区政府总债务在 2011 年已达 8.2 兆欧元，创该单一货币区最高的纪录。默克尔反对增加开支，因为 IMF 预测西班牙 2012 年的赤字将达 GDP 的 6%、意大利债务将达 GDP 的 123%，两者都超过欧元区规范。同阵营的哥伦比亚大学教授、诺贝尔经济学奖得主菲尔普斯更是直言，克鲁格曼的分析“稍微短浅”，忽略造成财政赤字的原因以及为何欧洲国家要对抗它。他认为欧洲一旦放松紧缩措施，将导致经济更为虚弱。[1]

野狐禅的凯恩斯还魂

诺贝尔经济学奖得主克鲁格曼鼓励通货膨胀，和当年凯恩斯教导第一次世界大战后法国财政部部长还债的妙方，即“创造一

[1] 诺贝尔大师论战欧债疗法 [J]. 自由时报 , 2012.

场激烈的通货膨胀”如出一辙，蒋硕杰院士就曾借用罗伯特森的“盗窃行为”，也援引中国古典小说的“五鬼搬运法”形容，更以“野狐禅”这么重的字眼做比喻。没想到克鲁格曼在2009年还疾呼“金融产业回归传统”，即“金融中介角色”，但对货币的“交易媒介”本质却无法领悟，还大力鼓励通货膨胀这种魔法，较诸当年的凯恩斯还有过之，可说是“青出于蓝更胜于蓝”。

2012年两派诺贝尔经济学奖得主之间的论辩，简直就是20世纪30年代哈耶克对凯恩斯和20世纪80年代蒋硕杰对王作荣的论辩的翻版，如果照以往的结果，人类还是短视、重近利、只在乎今天的话，胜负是很明显的。若如此，玛雅预言的“毁天灭地”或许还真会出现。

其实，“印钞救市”（以印钞票方式来解决债务和提振经济），早被过世的1976年诺贝尔经济学奖得主弗里德曼以“酗酒”形容。弗里德曼警告说：通货膨胀就跟酗酒一样。酒鬼在刚刚开始饮酒的时候，从酒精中得到的是高度的兴奋，感觉好极了。只是到了第二天早上醒来的时候才会感到头痛欲裂。这时候，他会想起最开始从酗酒中得到的愉悦，于是又忍不住继续喝，结果酒精中毒越来越深，最后难以自拔。通货膨胀也是这样，当政府刚刚开始靠印刷钞票来增加开支的时候，大家都会感到心情愉快——政府开支大了，雇用的人多了，失业的人少了，购买的货物增加了，税收却没有增加。结果似乎是人人都得到了好处。可是在过了一段时间之后，需求的增加导致物价的上涨，继而引起生产成本的上升，而这又反过来再刺激物价，人们手里的钱也就统统缩了水。虽然政府不一定加税，但是通货膨胀却成为一种变相的税收。这最终会反过来影响整个局面，使经济从增长转入停滞。而停滞一旦开始，人们又会要求政府扩大开支来刺激经济。这样就出现了类似酗酒的恶性循环。

短痛或长痛，不可能不痛

弗里德曼还认为，治理通货膨胀与戒酒一样，唯一的办法就是大刹车。但是，这个过程将是非常痛苦的——酒鬼们会朝思暮想那个酒杯，而停止大量印刷钞票也会造成低经济增长率与高失业率，因为政府没有办法再像过去一样大量花钱。酗酒或者通货膨胀的时间越长，治理的过程也就越缓慢而痛苦。但是，如果不下决心去根治，身体或者经济就都无法恢复健康。

弗里德曼这个酗酒的比喻，不仅可以用于通货膨胀，也可以用在许多类似的政府经济社会政策上，比如对穷人的福利救助。这种救助在许多情况下是必要的，但除非在极为特殊的情况下——比如对于失去劳动能力的人，长期的福利救助却会产生类似于酗酒的效应。刚刚开始得到救助的人会心存感激，会决心很快重新自立。但是过一段时间之后，领福利成为一些人的习惯，最初的感激之心就变作理所当然的权利，对于他们来说，社会福利成了生活方式。到了这种时候，这些人想要重新成为社会的生产者必定会经过一个痛苦的过程（欧洲诸债务国就是鲜活例子）。

不仅个人如此，组织、集团、地区也是如此。最典型的就是一些高度依赖政府军事合同的地区，一旦开始削减军备，整个地区就会很快陷入经济恐慌。因此，无论那些军事设施或者军工生产多么无用或者过时，总是有一批又一批的利益集团和地方民意代表前往联邦政府游说，或是要保住原来的合同，或是要政府以其他的合同取而代之。总之，切断对政府的经济依赖跟戒酒一样困难。

国家也不例外。例如，许多非洲国家自20世纪50年代起就大量接受来自西方的经济援助，结果造成了不少国家对外援的高度依赖。在某些国家里，包括联合国、世界银行等国际组织的援助成为政府财政的主要来源，结果是这些国家中发展最快的行业的工作内容竟然是给国际组织和西方援助国写项目报告。这些项目在援助国或者机构中也有自己的“代表”——各种国际组织和专家都要靠这吃饭。无论这些钱花得多么冤枉，无论砍掉哪个项目，都会有大批人以穷国的名义前往游说。最后，受援国想要摆脱对外援的依赖变得几乎不可能。

以往的历史告诉我们，重大的社会问题往往没有容易的解决办法。有许多一时看上去简单、在政治上受到广泛支持的方案，最终却要整个社会付出相当沉重的代价。正如弗里德曼所说，饮酒的时候是快乐的，从饮酒陷入病态酗酒的周期也很短，但是要从那个深陷的泥潭里面拔出来，却经常要费九牛二虎之力。

在这个问题上还有更值得警惕的一面，那就是社会在这类酗酒的过程中会给予政府越来越大的权力。而政府权力膨胀，则必定会限制公民自由，抑制个人的创造力，最终导致公民对政府不负责任的行为无能为力。而一个没有公民监督、无须向公民负责的政府，会给社会带来什么样的灾难，20 世纪的历史早已做出了许多脚注。[1]

弗里德曼以酗酒来形容凯恩斯魔法，而邓特公司（HS Dent）创办人及总裁哈利·邓特二世（Harry S. Dent, Jr）在 2011 年出版的《2012 大萧条：经济寒冬将至，你的下一步该怎么走》（*The Great Crash Ahead: Strategies for a World Turned Upside Down*）一书中，更以“染上毒瘾”来比喻甚至泛指政府的振兴方案！

由克鲁格曼和斯蒂格利茨这些诺贝尔经济学奖得主的所谓经济名家在 2012 年都还紧抓凯恩斯 20 世纪 30 年代提供的药方来看，我们不得不再回顾 20 世纪 30 年代哈耶克和凯恩斯的论辩场景。

“有效需求”是如何创造的

20 世纪 30 年代世界经济大恐慌之际，世界充斥着“失业者”，而且工厂停工、货品滞销，无论是“产品市场”还是“生产因素市场”，所呈现的景象都是“供给过剩”，或是“需求不

[1] 有良心的美国前总统里根（Ronald Reagan）早已警告：“政府不能解决问题，政府本身就是问题。”这几段都引自龚小夏（2009），弗里德曼的警告：管理经济不能像酗酒。

足”，而且数目颇大。关于这种现象的解释有许多，其中以凯恩斯的说法最得人心，他认为，这是市场机制调节失灵所致，必须由政府出面进行强力引导来“精密调节”，以政府“看得见的手”来从事建设，即“创造出”对于产品和生产因素的“需求”，如此一来就能“弥补”需求的不足，超额供给就会消失，失业也会减少，终而达到“充分就业”的境界。

凯恩斯的这项理念，经由希克斯（J. R. Hicks，1904—1989）以简要易懂的45°线与“总支出曲线”模型加以阐述，竟然发展出迄今还是主流的“总体经济学”的基本模式。在此模式中，我们可以很清楚地看出，“总支出”或“总需求”的增加可以立即使社会达到充分就业。这个模型有两点特别值得注意：一是“乘数效应”；二是由于强调支出的重要性，竟然出现了“节约悖论”里鄙视“储蓄”的后果。“乘数效应”在晚近被嘲讽成“掘地”或“挖洞”理论，即当失业人数众多时，政府集合这些人排成一队，给第一位一只铲子在平地上挖洞，“工作”告一段落，即挖了一个洞之后，政府给予报酬；而后将铲子交给第二位，他的工作是将第一位挖出的土再填回该洞穴，完工后也由政府发给报酬；第三位接过铲子后再将该填入的土挖上来；第四位再把土重新填好，依此类推。重复挖填工作之后，不但这些失业者都得到了工作，而且他们领取报酬后又从事消费。这些报酬经过消费行为一再转手之后，“乘数效应”就出现了，结果是：政府所支付的数额竟然“创造”了“倍数”的收入。

政府支出的财源可以来自“信用创造”，也可来自“税收”，这也就是政府得用“货币政策”和“财政政策”来调节经济的最根本的理论基础。这项“有效需求”药方的出现，最初是为了解决失业问题，因而都强调政府扮演增加支出的角色，推而广之，逐渐演变成由政府弥补民间消费支出和投资不足，进而经由主动从事投资来“引导”民间投资的现象。这也是大家耳熟能详的“内需”之说法（必须注意的是，信用扩张易引发通货膨胀，财政政策则有排挤效果及无效率、浪费、贪污、舞弊之事）。

至于重视有效需求导致“敌视”储蓄则衍生出政府强力维持“低利率”以刺激投资的政策，但由于储蓄的“低利”或“无利”可图，人民的储蓄意愿受到打击，投资所需的资金乃转向由政府“创造信用”来注入。此种通货膨胀方式的创造需求政策，终于埋下了20世纪70年代“滞胀”的祸因。

“政府万能”理念的助长

凯恩斯的有效需求理论除了出现上述现象外，更重要的就是助长了“政府万能”的理念。借着有效需求理念，政府的管制力量开始膨胀。政府决策者有“权力”运用“工具”来指导民间经济行为，因而即使原本只赋予政府弥补需求不足的责任，也终于演变成政府“主导”经济活动的局面。这与庇古在20世纪20年代出版的《福利经济学》中的观点一致，他提出

“外部性”“社会成本”等导致了“市场失灵”的现象，这被认为需要政府出面解决，因而“福利经济学”和“管制经济学”大行其道，相互结合，力量之大所向披靡，一切与人民福祉有关的市场活动都由政府大量介入。

20世纪30年代，世界经济大恐慌给了美国罗斯福总统施行“新政”的时机，不是各式各样“社会福利”措施大量出笼，就是各国市场也都有政府“看得见的手”的干预。最明显的是各种“保护”规定如雨后春笋般到来，劳工规定、职业证照、各种平等法案纷纷涌现，美其名曰“保护弱势者”免受剥削，到头来其实将市场机制“窒息”，因为“政府失灵”的恶果更加严重。如公共选择（public choice）学者所述，由于政府也是由“凡人”组成的，所以在矫正市场失灵的过程中，政府非但没能完成任务，反使市场更为失灵——原因是竞争性大大下降了。

这种“爱之适足以害之”或是“到地狱之路往往是善意所铺成的”后果，经过30多年的潜伏，终在20世纪70年代末期开始暴露在阳光下。这应也是哈耶克在1974年获颁诺贝尔经济学奖，以及其后诸位崇尚自由经济思想者陆续得到该奖项的背景。就在学理和思想上“回归”市场不久之后，我们也见识到了20世纪80年代中国改革开放、苏联解体、东欧倒向自由经济，以及民主国家反管制、福利国家重新检讨以往政策的实际例证。这种趋势可以用“政府职能转向”“市场重生”这样简单的词语来形容，或者可换以另一个争议性较大的“尊重个人自由”“个人主义抬头”来表示。

哈耶克是大恐慌的先知

关于市场机制、个人自由以及个人主义之间的关系，当然不是三言两语可以讲清楚的。不过，我们却可举哈耶克对 20 世纪 30 年代经济大恐慌的事先预测来稍做解释。上文提过凯恩斯认为有效需求不足是大恐慌肇因，但在哈耶克看来却正相反。他认为大量失业（超额供给）的出现，是因为劳动和其他各种生产因素在各业、各厂以及各地之间的分配与对其产品之需要的分配之间不能协调，是因为“相对”价格和工资体系受到扭曲，而扭曲的源头就是政府使用了扩张性货币政策，由其创造出来的“人造”需求（包括产品需求和生产因素需求）使生产者和劳动者都做了“错误预期”，终使实际上的产品及生产因素都供应过量。这个时候，政府决策者不但不及时停止此种虚假的扩张需求政策，反而更增强该扩张政策的应用，恶性循环的结果不但使宝贵的生产资源流向低生产力之处，而且累积了大量的“超额供给”，一旦扩张政策停止，泡沫终将破灭，于是就出现了大萧条。

这里值得一提的是，如果持续不断地一再使用扩张信用政策，时间拉得越长，祸害也就越大。哈耶克就用这套理论，在 1927 年于维也纳建立了“奥地利商业周期研究所”，并成为预测美国经济崩溃、进而殃及世界经济的“先知”。[1]施建生

[1] 2008 年 11 月 5 日，英国女王伊丽莎白二世到伦敦经济学院为一栋新大楼的落成启用剪彩时，当着许多知名经济学家的面表示：“金融危机太可怕了，为何没有一个人看得见它的到来呢？”由哈耶克在 1927 年就预测到 20 世纪 30 年代大恐慌，可知女王的矛头不是针对奥地利学派经济学家。

（1992 年）表示，对于哈耶克的这项分析，凯恩斯本人在其晚年也已同意，而且对一些与他最接近的同人极力主张信用扩张表示惊慌。1946 年，哈耶克与凯恩斯最后一次谈话时，凯恩斯甚至诚挚地对哈耶克保证，如果他为 20 世纪 30 年代的通货紧缩提出的理论会产生危险，他将会立即挺身而出，设法改变舆论，使之步上正确的方向。但不幸的是，3 个月之后，凯恩斯就去世了。[1]

除了凯恩斯曾有此种“人之将死，其言也善”的动作外，哈耶克本人也曾因为未能及时对凯恩斯在 1936 年出版的那本影响深远的《通论》迎头痛击，以致贻害世人而深感懊恼。故事是这样的：哈耶克在 1931 年 8 月和 1932 年 2 月于《经济学刊》上批评凯恩斯在 1930 年出版的《论货币》，而凯恩斯也终于明确表示已接受建议且修改。

就是因为有这种体验，虽然哈耶克在《通论》一推出就发现该书内容模糊、华丽而庸俗，但他觉得凯恩斯将会自己修改，并且哈耶克在当时也开始不再专心致力于经济理论的事务。此种错误预期使得凯恩斯“把操纵经济大权由上帝手中夺回”，而且使得他认为政府利用财政和货币政策工具可将经济体系“精密调节”，从此，经济衰退将永远消失的说法风行全球。

分析至此，我们已经可以明白回归市场、政府职能回归其本位的历史演变，但并未说出市场机制和尊重个人自由选择

---

[1] 施建生 . 哈耶克与凯恩斯 [J]. 经济前瞻 , 1992:136.

为何优于政府“看得见的手”的引导。这可由“人性”出发来解析，人毕竟是自利动物，会对自己拥有的资源做出最有效率的使用，也会将所有可能拥有的知识及信息都用来做出最佳的“预测”；而社会上的事务何其繁杂，根本不可能由类似“上帝”的某一个人或一个团体来越俎代庖去处理每个个体事务，如果再因为政府利用政策来误引个人的判断，则预期值和实现值就更会越离越远。原本世事就多变化，未来也充满不确定性，虽然每个人在自然环境下所做出的决策免不了误差，但市场的竞争程度越大，误差就会越小。个别行为的总和就是“总量”，而预期总量和实现总量间的差额之变化就是通称的“商业周期”或失业。让各个行为人在竞争市场下行为，商业周期会最和缓，失业量或超额供需量也会最小。

本来“供给”和“需求”就难以区分，加上供给者的供给量依其“需求预期值”而来，如果预期的需求和实现的需求正好相等，市场就是“出清”状态，也就无所谓有失业或超额供给、超额需求之事。如果政府干预政策会促进市场竞争以增强个人预测的正确性，这当然是好事，可是这个假设却是不切实际的，而且实际往往会适得其反，即政府干预反使竞争程度更低。那么，连增进市场竞争这项功能都做不到，遑论政府下海来带领业者了。因此，政府所创造的需求实在不能说是“有效”，而应称之为“虚假”。若说 20 世纪 30 年代末期到 60 年代末期是繁荣期，也只能说是“硬撑”起来的海市蜃楼，毕竟 30 年在历史上是很短的，而且又是以往后长期的滞胀祸患为代价的（迄今仍难以翻身）。

哈耶克与凯恩斯对储蓄之论断

关于储蓄与不景气的关系到底该如何诠释，是凯恩斯说对了还是哈耶克说对了呢？蒋硕杰曾在1992年做出精彩的评论。蒋先生说，凯恩斯认为储蓄过多，投资对资金的需求不足以将其吸收利用，于是发生了不景气。哈耶克则持相反看法，他认为由于储蓄所提供的资金不足，以致企业家计划中的投资都必须缩短其生产时间，提前使产品上市。结果一方面是投资总额减少，另一方面是快速生产出来的商品在市场上壅塞难销。蒋硕杰对于凯恩斯轻视储蓄功能的批评，是以动态经济为着眼点的，即日常所谓以储蓄资金融通投资的行为，乃指以前一时段中的储蓄来融通本时段的投资支出。在此种投资的融通行为下，凯恩斯所用的国民收入会计公式中的储蓄，就毫无意义了。当上一期已完成的储蓄不足以融通这一期的投资需求时，其差额除了让利率上升来消除外，就只有靠国外资金的流入及由银行系统制造货币来补充储蓄者所提供的旧有货币了。后者则就是蒋硕杰提出的“五鬼搬运法”或罗伯特森所说的“盗窃行为”，后果是通货膨胀。更有甚者，当权者利用银行信用膨胀，贷款给私人亲友，以致财富集中，收入分配日益不均。

“自动安定”财政政策的祸害

除了政府以这种“权衡式”扩张货币或信用的政策而歧视

储蓄行为造成祸害外，尚有自动安定的财政政策更具杀伤力，最典型的政策包括失业救济的社会安全制度。一般人之所以储蓄，可能是为了预防失业，可能是为伤残疾病做准备，也可能是为了使老年时的消费水平不至于下降太多。若这些事情由个人的储蓄来承担，就会有相应资产的增加，对社会的经济增长有利；如果有了政府建立的社会安全制度，不管是来自"强制征税"还是"强迫储蓄"，都会使各个人的"自愿储蓄"意愿降低或消失，当然也会使民间投资资金来源无着，而资金运用效率降低及税源缩减又会使政府财政赤字像滚雪球一样膨胀。防治之道在于回归个人自由选择，以及让资金市场更加富有竞争性，而政府也应停止干预。

至于政府指导民间投资的所谓"产业政策"问题，由于市场诡谲多变，充满风险，让无数的个别投资者依自己的最佳判断从事投资，是让风险分散的最佳之道。这样也可以使市场中成功与失败的经验知识不断积累，提供的信息也可以更加丰富。若由政府主导，则风险会更集中，失败概率会加大，商业周期的幅度也会加大。何况政府也须利用资源才能指导，而这又会产生扭曲效果。

综上所述，政府放弃"创造有效需求"，并且重新让市场扮演主角，政府回归其应该从事的国防、治安、法制等事务，以维持公平、公正、安全和高生活质量的整体环境，这才是正道，这也才是"真正的"自由经济学者的主张，更是蒋硕杰与其老师哈耶克的奥地利学派的一贯思想。此外，亚当·斯密所提的"维持正义"的政府职能，容易被误认为是流行的改变收入分配或所谓

“公平正义”“经济公平”的主张。恰恰相反，斯密的“维持正义”指的是尊重“市场秩序”，而不是政府干预收入再分配。[1]

返本归真让凯恩斯安息吧

说到底，政府有其该扮演的适当角色，做该做的“对的事”，而且把“对的事”做好，而凯恩斯的“创造有效需求”绝对是“不应该做的事”，只有回归古典的萨伊法则（Say’s Law），即“供给创造需求”，将“需求创造供给”抛弃，才不会一再出现“错误政策比贪污更可怕”的事。

2012 年是人类处于危急存亡的关键时刻，金融风暴、大萧条、天灾人祸接二连三不断袭来，接受蒋硕杰、哈耶克的观点，以及放弃凯恩斯的主张和政策，才是冲破枷锁、重获新生、迈向永续发展的正道！

[1] 吴惠林与谢宗林为文对此做扼要解析，该文题目是“老人年金、所得分配与储蓄”，刊于《台湾经济研讨会系列（九）年金制度研讨会》, 1994:145—171.

附录

蒋硕杰先生大事年表

1918 年

出生于上海。

1926 年

就读神州女学附属小学。

1929—1933 年

就读南洋中学。

1934 年

入读日本庆应大学预科。

1937 年 4 月

庆应大学预科毕业，续念本科；7 月，卢沟桥事变发生，回国。

1938 年

考取伦敦大学政治经济学院。

1939 年

欧战爆发，伦敦校舍为英军司令部征用，该校奉命迁至剑桥，与剑桥大学合并上课。

1941 年

获伦敦大学政治经济学院“经济学学士学位”。

1943 年

读卡尔多（Nicolas Kaldor）之《投机与经济稳定》(Speculation and Economic Stability）后，写成《评<投机与经济稳定>》(A Note on “Speculation and Income Stability”）一文批评其观点，又蒙哈耶克采纳，刊登于《经济学刊》(*Economica*）上。

1944 年

批评庇古的文章，写成《庇古教授论实际工资与就业的相对变动》(Professor Pigou on the Relative Movements of Real Wages and Employment)，被凯恩斯亲自接受，刊于《经济期刊》(*Economic Journal*)。

1945 年

获伦敦大学政治经济学院哲学博士学位最佳博士论文“赫其森银牌奖”。

1946 年

担任东北行辕经济委员会调查研究处处长，后任教于北大经济系。

1947 年 11 月

与马熙静女士于北京饭店结婚。

1948 年 7 月

赴美，任职国际货币基金组织（International Monetary Fund，IMF），共 10 年。

1954 年

应尹仲容的邀请，与刘大中回中国台湾，提出单一汇率、外汇券、利率自由化等建议，并受院长俞鸿钧先生任命为台湾行政管理机构经济顾问。

1956 年

于《美国经济评论》（*The American Economic Review*）发表《综论：流动性偏好和可贷资金理论，乘数和流速分析》（Liquidity Preference and Loanable Funds Theories, Multiplier and Velocity Analysis: a Synthesis），引起了广泛的注意，特别是获得了罗伯特森的鼓励与支持，以及维纳（Jacob Viner）、马赫卢普（Fritz Machlup）等人的赞扬。

1958 年

膺选为“台湾中央研究院”第二届院士。

1959 年

在 IMF 10 年的研究，首先厘清了货币理论的思路。

1960 年

进入罗切斯特大学经济学系，任正职教授。

1967—1971 年

获美国“古根海姆学者奖”（Guggenheim Fellowship），休假 1 年后至牛津大学成为访问学者，与马丁（Martin Feldstein）（时任教于牛津）合著《利率、税收和个人储蓄激励》（The Interest Rate, Taxation, and the Personal Savings Incentive），翌年刊载于《经济季刊》（*Quarterly Journal of Economics*）。

1968 年 3 月

台湾地区行政管理机构成立台湾赋税改革委员会，为该会委员。

1969—1971 年

转职至康奈尔大学任教。

1972 年

荣任洛克菲勒讲座教授（Rockefeller Professor），至菲律宾大学（University of the Philippines）讲学。

1973 年

写成《外汇资产猛增引起金融危机之对策》，送台湾地区货币主管机关。

1974 年

与“台湾中央研究院”六院士联合发表《今后台湾财经政策的研讨》。

1975 年

写成《台湾财经政策之再检讨》，针对当前重要财经问题提出建议。

1977 年

写成《如何维持台湾经济快速成长的问题》。

1978 年

与邢慕寰、顾应昌、费景汉、邹至庄等院士合撰《经济计划与资源之有效利用》，另撰文《当前外汇资产累积过速所招致之通货膨胀压力及其因应方法》。

1980 年 4 月

应邀担任台湾“中华经济研究院”筹备处处长；7 月，写成《最近台湾物价上涨率偏高之理由及其稳定之途径》。

1981 年 3 月

写成《稳定中求成长的经济政策》，刊登于台湾《中央日报》。6 月，写成《货币理论与金融政策》，刊登于台湾《中国时报》。7 月 1 日，台湾“中华经济研究院”正式成立，担任院长。

1984 年 10 ~ 11 月

赴日本东京庆应大学讲学。

1985 年 5 月

膺选为伦敦政治经济学院荣誉院士。5 ~ 11 月，担任台湾地区行政管理机构经济革新委员会召集人之一；自康奈尔大学退休，专职于台湾“中华经济研究院”。7 月，赴墨西哥参加由 Banco Nacional de Comercio Exterion S. A. 主办的会议，当地报纸《墨西哥城》（*Mexico City*）、《新明报》（*The News*）、《财经》（*Finance*）撰文推崇台湾经济成功的经验。

1986 年 9 月

赴英国牛津参加 1986 年货币研究小组年会（1986 Annual Conference on the Money Study Group），发表论文《约翰·希克斯博士对货币理论的贡献以及我们对他的期望》（Sir John Hicks’s Contributions to Monetary Theory and What We Would Like to Expect of Him）刊登于《希腊经济评论》（*Greek Economic Review*）（Vol.12, Supplement, Autumn, 1990, The Monetary Economic of John Hicks）。

1987 年

3 月，应香港中文大学林聪标院长的邀请讲学 1 周。参加朝圣山学社（Mont Pelerin Society）在美国印地安那州举行的年会。12 月，参加美国经济学会（American Economic Association）在美国芝加哥举行的年会，发表论文《持续巨额贸易顺差影响下的货币政策》(Monetary Policy Under the Impact of a Persistent Huge Trade Surplus)。

1990 年 8 月

任台湾“中华经济研究院”董事长。

1993 年

10 月 21 日，病逝于美国芝加哥。